CB080791

VENDAS

PARA QUEM TEM PRESSA

FERNANDO VÍTOLO

APRESENTAÇÃO DE **HERÓDOTO BARBEIRO**

PREFÁCIO **ROBERTO TRANJAN**

VEN

DOMINE O MÉTODO VEND+ E TRANSFORME SUAS VENDAS

DAS

PARA QUEM TEM PRESSA

UNITED PRESS

Copyright © 2025 por Fernando Vítolo

1ª edição: agosto de 2025

Revisão: Victor Hugo Tosta (copidesque) e Marcelo Santos (provas)
Projeto gráfico e diagramação: Sonia Peticov
Diagramação: Aldair Dutra de Assis
Capa: Julio Carvalho
Editor: Aldo Menezes
Editor assistente: Fabiano Silveira Medeiros
Assistente editorial: Raquel Carvalho Pudo
Coordenador de produção: Mauro Terrengui
Impressão e acabamento: Imprensa da Fé

As opiniões, as interpretações e os conceitos desta obra são de responsabilidade de quem a escreveu e não refletem necessariamente o ponto de vista da Hagnos.

Todos os direitos desta edição reservados à
Editora Hagnos Ltda.
Rua Geraldo Flausino Gomes, 42, conj. 41
CEP 04575-060 — São Paulo, SP
Tel.: (11) 5990-3308

E-mail: editorial@hagnos.com.br | Home page: www.hagnos.com.br
Editora associada à Associação Brasileira de Direitos Reprográficos (ABDR)

Dados Internacionais de Catalogação na Publicação (CIP)

Vítolo , Fernando
Vendas para quem tem pressa : domine o método Vend+ e transforme suas vendas / Fernando Vítolo . – São Paulo : United Press, 2025.

ISBN 978-85-243-0617-4

1. Vendas I. Título

25-3306 CDD 658.81

Índices para catálogo sistemático:
1. Vendas

Angélica Ilacqua CRB-8/7057

DEDICATÓRIA

DEDICO ESTA OBRA AO SENHOR, criador de todas as coisas, que me permitiu dar mais este passo. E, claro, à minha querida esposa, Annelise, que sempre está ao meu lado, apoiando minhas ideias, por mais absurdas que pareçam.

> *No princípio era o Verbo, e o Verbo estava com Deus, e o Verbo era Deus. Ele estava no princípio com Deus. Todas as coisas foram feitas por intermédio dele, e, sem ele, nada do que foi feito existiria. [...] E o Verbo se fez carne e habitou entre nós, pleno de graça e de verdade; e vimos a sua glória, como a glória do unigênito do Pai.*
>
> João 1:1-3,14 (Bíblia Versão Almeida Século 21)

SUMÁRIO

AGRADECIMENTOS

ESTE LIVRO É MAIS DO QUE páginas impressas — é feito de histórias, conexões e apoio real. Por isso, minha gratidão especial vai para: Aldo Barduco Jr., Aldo Menezes, Annelise C. O. Gonzalis, Claudio Nazzari, Dóris Oliveira de Paulo Gonzalis, Érico San Juan, Fabiana Gonzalis, Fabiana Iñarra, Flavio de Souza, Heródoto Barbeiro, Jônatas Jacob, Julio Carvalho, Juscelino B. Gonzalis, Marilene e Mauro Terrengui, Roberto Tranjan, Thiago Terrengui, Yara Peres... e a todos que contribuíram com suas experiências reais, tornando este livro mais verdadeiro, aplicável e humano.

Aponte a câmera do seu celular para o QR Code abaixo e confira todo material extra que acompanha o livro.

ESTA VENDA COMEÇOU COM ELES

Aqui estão os nomes de todas as pessoas que acreditaram no projeto e apoiaram o seu lançamento antecipado. Resolvi listar de Z até A — afinal, se é para fazer diferente, que seja até na ordem alfabética.

Zilda Fontolan
Yara Peres
Walter Gonzalis
Vinicius Andrade Camargo
Thiago Uberreich
Sólon Cunha
Rodrigo Bergami Trevizani
Roberto Tranjan
Ricardo Ferreira
Ricardo Beccari
Pj Negreiros
Philippe Maia
Paulo Silva
Paulo Cesar Bernardino
Nilson P. Bizerra
Marta Luzia Gonzalis Nunes
Marta Bognar
Marina Mafra
Manuel Tadeu Nunes Junior
Lucas Oliveira
Leni Vilma
Leila Mendes
Karine Gonçalves
Juscelino B. Gonzalis
Juliana Dias
José Augusto Gonçalves de Almeida
Jordana Aparecida de Almeida Rubim
Jônatas Jacob
Joancir Porto
Heródoto Barbeiro
Flavio de Souza
Fernando Martins
Fábio Pinto
Fabiana Iñarra
Fabiana Gonzalis
Érico San Juan
Edu Gomes
Dóris Oliveira de Paulo Gonzalis
Dina Helena Gonzalis Recco
Denise Marcolino
Débora Santili
Daniel Martins
Claudio Nazzari
Claudia Toledo Pimenta
Claudia Gonsalves dos Santos
Cesar Oliveira
Celi Oliveira de Paulo
Carmen Verônica Victolo
Carlos Arrelia Neto
Arnaldo Berger
Armando Ishimaru
Annelise C. O. Gonzalis
Anderson Claiton Lopes
Alvaro Bufarah
Alexandre Wagner Batista Silveira
Alexandre Caria
Aldo Barduco
Abrahao Sochaczewski
Abner Rodrigues Fernandes

EMPRESAS QUE VENDEM MAIS E MELHOR

Essas empresas acreditaram na ideia, no método Vend+, na mensagem e no impacto que este livro está causando.

A elas, minha gratidão — e meu respeito. Porque vender mais e melhor começa com visão, coragem e parceria.

ficar

INSTITUTO ECONOMIA AO NATURAL

SÍTIO 3 BARRAS COFFEE HONEY

Futura tintas

GreenPlat

MATRONA

LR MOREIRA advocacia

Younik — VOCÊ É ÚNICO | BE YOUNIK OR JUST BEE

Acesse o QRCode abaixo para ver uma mensagem especial deixada por essas empresas.

APRESENTAÇÃO

O VENDEDOR DE FUMAÇA

NO PASSADO, QUANDO SE QUERIA ELOGIAR um bom vendedor, dizia-se que era capaz de vender até fumaça. Mas a aquisição nem sempre agradava ao consumidor. Se dava um vento, a fumaça era levada embora, e o infeliz comprador ficava a ver... nada.

Os vendedores de cultura, arte, ideias e soluções inovadoras para velhos problemas ocupam o espaço dos antigos vendedores de fumaça. Eles vendem o abstrato, o inovador, o intangível e são responsáveis pelo sucesso de empreendimentos privados e públicos. Entre estes está Fernando Vítolo.

De um simples convite para participar do programa que apresenta, nasceram inúmeras propostas. Fernando vendeu-me, entre outras ideias, fazer um podcast com ele sobre histórias de marcas relevantes. Daí para gravar um curso de mídia training foi um passo. Ou melhor, dois, porque gravamos o curso de liderança. E ele não parou mais de me vender oportunidades para expor o meu trabalho nas redes socias. O "Por Dentro da Máquina" foi mais um deles.

Fernando me fidelizou como cliente. Suas ferramentas são a dignidade, sinceridade de propósitos, foco no público-alvo, planejamento de estratégias para a venda, culto à ética e interesse público.

Este livro é uma oportunidade de conhecer a competência de Fernando Vítolo e o esforço cotidiano que faz para estar sempre aprendendo e se renovando. Ele entendeu que a única coisa permanente é a impermanência, principalmente em um mundo cada vez mais competitivo e apoiado na tecnologia digital. Se Fernando Vítolo me oferecesse um saco de fumaça, compraria de olhos fechados.

Heródoto Barbeiro, Jornalista e Professor.

PREFÁCIO

UMBIGO NO BALCÃO

A HISTÓRIA FORNECE EXEMPLOS de vendedores competentes com os quais podemos aprender muito. Certamente você os conhece ou ao menos já ouviu falar deles, tal o impacto que causaram na humanidade graças às ações que ousaram implementar. Confira.

O que teria sido da sangrenta Guerra Civil nos Estados Unidos da América, nos idos de 1863, quando a polarização entre os estados do Norte e do Sul já mostrava suas garras? Se não fosse pelas habilidades de liderança e persuasão de um tal de Abraham Lincoln, a guerra poderia ter resultado em um número ainda maior de mortes. Seus argumentos são, junto com a Constituição norte-americana, definidores do que os Estados Unidos passaram a ser.

Outro exemplo é o do tímido Gandhi, posteriormente Mahatma, que soube com avidez e coragem vender a ousada ideia, em 1916, de libertar a Índia do jugo britânico.

Mais tarde, em 1963, inspirado pelo próprio Mahatma Gandhi, outro vendedor perspicaz e convicto lançou as sementes do fim da segregação e da discriminação racial com o seu sonho de liberdade e justiça. Refiro-me ao exímio vendedor dos direitos civis, o conclamado Martin Luther King.

Bons vendedores costumam seguir o condão da história e participar dela, como se fossem eternos conhecidos. Se Gandhi inspirou Luther King, este, por sua vez, influenciou Nelson Mandela que, em

1994, após 27 anos de prisão, vendeu o início de uma nova era para todos os sul-africanos.

Para garantir que nenhum brasileiro e também nenhuma mulher fique de fora, trago a delicada figura de uma vendedora aclamada e premiada em vários lugares do mundo com suas ideias em defesa do meio ambiente. Marina Silva, nossa contemporânea, construiu a mais ousada agenda ambientalista de que se tem notícia.

Se cheguei à atualidade com Marina Silva, retorno para o início da presente era com aquele que a criou: Jesus de Nazaré. Por meio de seus argumentos, em um sermão proferido à beira-mar, introduziu um novo sistema radical de crenças e criando as bases do cristianismo, a religião predominante no planeta.

Se tomo esses exemplos em um livro que pretende ser breve e para aqueles que têm pressa, o faço por algumas razões.

A primeira é desmistificar a função de vendas para além da simples troca de mercadorias ou serviços por dinheiro. A mera transação comercial banaliza algo que pode ser muito mais do que uma troca monetária. Existem produtos e serviços a vender, metas a atingir, lucros a auferir, mas, para além desses objetivos, deve existir algo maior, mais intangível que tangível, mais invisível que visível e que é a essência da venda. Ideias, intenções e convicções estão nessa categoria e são capazes de dar vida aos produtos e serviços.

A segunda é assumir a função de vendedor como algo não apenas transitório enquanto se está entre empregos ou entre profissões, sem ocupação, no início de carreira ou na aposentadoria. Caso se resvale para a armadilha da mera sobrevivência, perde-se a relevância e o significado de tão poderosa função.

A terceira é assumir a grandeza e a beleza desse nobre ofício. Se trago personagens ilustres como exemplos, é para mostrar que todos somos vendedores – de ideias, sonhos, imaginações, produtos, serviços – independentemente de época, credo, etnia, gênero e lugar.

Finalmente, sobre o livro e o autor. "Vendas para quem tem pressa" retrata experiências de "umbigo no balcão", termo utilizado para designar aqueles que, mais do que teorias, têm a oferecer o fruto de suas próprias vivências. Fernando Vítolo faz parte desse time, assim como eu e outros convidados.

Por meio da troca de experiências e orientações práticas, o autor pretende transformar cada capítulo em práxis diária. Não subestime, no entanto, a simplicidade da proposta. Mais do que aprender e aplicar o conteúdo Fernando pretende, ao caminhar junto, abrir a nossa mente para que, quando menos esperarmos, a leitura e a prática façam emergir o que antes estava submerso. Refiro-me não apenas aos conhecimentos, mas sobretudo aos dons e talentos adormecidos.

Por fim, peço que não confunda pressa com superficialidade. Tudo o que o autor pretende é dar um sentido de urgência tanto ao trabalho quanto à vida. Afinal, como ensina o vendedor-mor, "a messe é grande e os trabalhadores são poucos".

Então, mãos à obra!

Roberto Tranjan
Autor de Capital Relacional – A estratégia de resultados da Nova Economia
Sócio-fundador da Metanoia – Propósito nos Negócios

ESTE LIVRO CONTA COM MAIS DE 20 QUADRINHOS DO 'DITO, O BENDITO', ILUSTRANDO ALGUNS CAPÍTULOS. O HUMOR FAZ PARTE DO NOSSO DIA A DIA, PERMITINDO MAIS ESPONTANEIDADE E GERANDO CONEXÃO. ÉRICO SAN JUAN, QUE CRIOU O DITO EM 1993, FAZ ISSO COM MAESTRIA. AS TIRINHAS SERVEM DE INSPIRAÇÃO, REFLEXÃO E DESCONTRAÇÃO.

IMPORTANTE

EM UM MUNDO ONDE O TEMPO é o nosso recurso mais valioso, este livro é um convite para desacelerar a sua ansiedade e acelerar sua jornada de aprendizado, transformando teoria em prática, conhecimento em habilidade e dúvidas em certezas.

A venda é uma arte tão antiga quanto a própria civilização, mas nunca foi tão dinâmica quanto na era atual. Com a evolução constante do mercado e das tecnologias, as técnicas de vendas também precisam se adaptar. No entanto, o cerne da venda — **a conexão humana** — permanece inalterado. "Vendas para quem tem pressa" é um guia projetado para atender tanto ao novato quanto ao veterano em vendas.

Este livro não apenas o equipará com o conhecimento necessário para excelência em vendas, mas também o inspirará a ver a venda como um serviço valioso, uma oportunidade para solucionar problemas e enriquecer vidas. Da compreensão profunda do produto e do cliente à arte de cativar sem ser invasivo, cada página é uma lição valiosa.

Na segunda parte desta obra, depoimentos de renomados executivos, empresários e empreendedores iluminam o texto com suas perspectivas únicas e histórias inspiradoras. Eles não apenas reforçam os conceitos apresentados, mas também servem como prova viva de que as técnicas aqui discutidas são não apenas teóricas, mas aplicáveis e eficazes no mundo real das vendas.

Com os depoimentos em mãos, pude acrescentar orientações, reflexões e exercícios práticos para melhor absorção de todo conteúdo. Ou seja, não é apenas um material para ser lido, mas praticado e vivido.

O Autor

VENDER

é HUMANO.

POR QUE ESTE LIVRO?

O QUE O LEITOR PODE ALCANÇAR COM ESTE LIVRO?

- Aprimorar as habilidades de conexão.
- Praticar a escuta ativa e empática.
- Conquistar uma negociação eficiente.

E ALÉM DO LEITOR?

Para o cliente:

- Melhorar a experiência de compra.
- Ter mais confiança em vendedores.
- Manter relacionamentos duradouros com as empresas.

Para a empresa:

- Aumentar receita e lucro.
- Melhorar reputação da marca.

Para o mercado:

- Elevar os padrões de comunicação e vendas.
- Melhorar a experiência dos consumidores.

POR QUE ESCREVER ESTE LIVRO?

Vender sempre foi algo muito natural para mim. Minha esposa, que já me acompanhou algumas vezes em reuniões com clientes, me disse uma vez: "Nossa, como você vende bem". Mas descobri que era outro fator que me levava a vender: a comunicação.

Minha história com a comunicação começa quando ainda era criança. Nas peças de teatro da igreja, quando tinha por volta de 5 anos, eu corrigia as falas dos meus amigos. E o mais interessante é que eu me comunicava muito bem com pessoas de todas as idades, o que impressionava os mais velhos. Em 1998, aos 12 anos, comecei a trabalhar com websites, numa época em que ter um site era um diferencial significativo para os negócios.

Juntamente com a comunicação, a parte comercial e o desejo de empreender começaram a caminhar comigo desde cedo. Em 1994, quando a série de animação "Cavaleiros do Zodíaco" estreou, eu tinha apenas 8 anos e a série rapidamente se tornou uma febre. Na minha escola, surgiu uma tendência de colecionar desenhos dos Cavaleiros: simples linhas pretas em papel sulfite que algumas crianças coloriam, enquanto outras colecionavam como estavam. Muitas aproveitavam o recreio para trocar esses desenhos. Percebendo uma oportunidade, comecei a vender esses desenhos, buscando os mais raros para aumentar meu acervo. O negócio prosperou, e logo meus pais sugeriram que eu vendesse adesivos, ampliando ainda mais minhas vendas.

Anos mais tarde, já formado em Comunicação Social (olha só, quem diria), montei uma produtora multimídia, assumindo naturalmente o papel de responsável pelo setor comercial, uma experiência de aprendizado intenso por cinco anos. Olha aí, a comunicação e as vendas se fundindo.

Minha trajetória em vendas (e comunicação) continuou, mesmo após abrir a Younik, minha empresa atual, em 2013. Sempre vi as vendas não apenas como transações de produtos ou serviços, mas como a arte de vender ideias, uma habilidade constante em minha vida. E para ilustrar isso, darei dois exemplos.

Em 2019, lancei meu canal no YouTube com foco em negócios e empreendedorismo. Eram papos curtos com pessoas do mundo corporativo. Em 2021, lancei, no mesmo canal, um programa de entrevistas, tendo como meu primeiro convidado o jornalista Heródoto Barbeiro. Após nossa entrevista, sugeri a criação de um curso online baseado em seu livro de Mídia Training, o qual rapidamente se concretizou após apresentar um conteúdo programático convincente. Essa parceria se demonstrou ainda mais sólida com criações de outros programas como o NEH! Podcast, mais cursos e alguns livros publicados como o "100 Anos de Rádio no Brasil" e o "Manual do New Rádio".

O segundo exemplo, foi o projeto com Flavio de Souza, criador de programas infantis icônicos da TV Cultura. Propus inicialmente uma reunião do elenco do programa "Rá Tim Bum", que evoluiu para uma websérie e, eventualmente, para a publicação de um livro, o "Alô?! Alô?! Planeta Terra chamando", demonstrando novamente o poder da venda de ideias.

Esses exemplos ilustram a essência da comunicação e das vendas em minha vida: uma jornada constante entre **Conectar, Escutar e Negociar.** E a pergunta que me foi feita por um amigo foi: existe um método no meio disso que pode ser ensinado?

Após ser solicitado por um cliente para ministrar um curso sobre vendas para pessoas atuando como afiliados na internet, comecei a escrever as aulas e percebi que o material estava ficando muito bom, e que ele poderia virar um livro. Vi a oportunidade antes mesmo de terminar de escrever as aulas.

Para quem não sabe, afiliados são indivíduos que vendem produtos ou serviços de terceiros pela internet, um modelo de negócio que conecta empresas a quem deseja gerar uma renda extra.

Fiquei tão empolgado com a ideia do livro, que deixei o curso um pouco de lado e comecei a escrever. Fiquei escrevendo sem parar por sete dias seguidos. Mas ainda faltava o método. E meu amigo lá...

"buzinando" na minha orelha com suas perguntas que sempre ficavam ecoando na minha mente.

Nesse meio tempo, passei por um processo no Instituto Economia ao Natural chamado Código de Nobreza. Um método de autoconhecimento. E uma palavra se destacou: **CONECTAR.**

Inclusive, a minha empresa, a Younik, trabalha bem forte o ponto **Conectar** que trato neste livro através de estratégias de conteúdo. Depois acessa o site e fala com a gente para entender nossas soluções: **www.younik.com.br.**

Alguns dias depois, com todas essas coisas martelando em minha mente, escrevendo bastante, criando, fazendo perguntas, eis que surge o **Método VEND+.** Sim! Consegui compilar as ações que me fizeram ter sucesso nas vendas, e esse processo passa pela comunicação.

Escrevo este livro para compartilhar os *insights* e estratégias que me levaram ao sucesso em comunicação e consequentemente nas vendas, mostrando que é possível alcançar resultados semelhantes.

POR QUE LER ESTE LIVRO?

No vasto universo de livros sobre vendas, "Vendas para quem tem pressa" emerge como uma fonte essencial para aqueles que buscam não apenas compreender a arte da venda, mas dominá-la. Este livro distingue-se por sua abordagem prática e direta, focada em proporcionar ao leitor não só o conhecimento, mas as ferramentas necessárias para aplicar imediatamente esse conhecimento no mundo real.

Sim, há princípios universais de vendas que são amplamente reconhecidos e respeitados: a importância da apresentação pessoal, a eficácia de mencionar o nome do cliente durante a conversa, o papel crítico de softwares de CRM na organização de *leads*, e o imperativo de permanecer motivado e atualizado. Esses fundamentos formam a base sobre a qual técnicas mais refinadas e personalizadas podem ser construídas. "Vendas para quem tem pressa" abraça esses fundamentos, ao mesmo tempo em que avança além deles, trazendo à tona estratégias e *insights* de comunicação que muitos vendedores negligenciam, mas que podem catapultar suas vendas para o próximo nível.

Este livro é resultado de uma jornada pessoal através da comunicação, desde a infância vendendo desenhos e adesivos até a criação e o desenvolvimento de negócios na vida adulta. Cada capítulo reflete uma lição aprendida, uma estratégia testada e uma história de sucesso (ou fracasso – no caso quando vendas não são concretizadas, mas geram aprendizado) que contribuíram para o meu crescimento como comunicador e, consequentemente, vendedor.

Ao final, líderes de várias indústrias compartilham suas experiências, reforçando a ideia de que, enquanto as técnicas de vendas podem variar entre os setores, a essência de conectar-se genuinamente com os clientes e satisfazer suas necessidades é universal.

"Vendas para quem tem pressa" é baseado no **Método VEND+**, um exclusivo processo de comunicação para você que busca eficiência e eficácia em suas vendas, que deseja cortar o longo caminho dando cabeçadas e murros em pontas de faca. Se você está pronto para transformar sua abordagem de vendas e ver resultados imediatos, este livro é o seu guia.

COMO LER ESTE LIVRO?

O título "Vendas para quem tem pressa" parece prometer eficiência e resultados rápidos, mas, paradoxalmente, a chave para desbloquear todo o seu potencial reside na moderação e na absorção deliberada de seu conteúdo. A pressa pode levar à superficialidade, enquanto a paciência e a atenção aos detalhes podem transformar conhecimento em sabedoria aplicável. Então, se de alguma maneira você está se sentindo enganado, já peço desculpas (risos). Meu lado publicitário criou esse título para estabelecer uma conexão com você. Afinal de contas, você adquiriu o livro. Meu convite é que você permaneça na jornada, prometo que valerá a pena.

PASSO A PASSO PARA UMA LEITURA PRODUTIVA:

- **Um capítulo por dia:** Resistir à tentação de devorar o livro numa única sessão é crucial. Cada capítulo foi cuidadosamente projetado para ser digerido e refletido ao longo de um dia. Essa abordagem permite que o conteúdo seja verdadeiramente absorvido e integrado ao seu repertório.
- **Marque e anote:** Utilize marcadores de texto para destacar *insights* e estratégias que ressoem com você. Mantenha um caderno à mão para registrar não apenas anotações, mas também como você pode aplicar o que aprendeu em seu contexto específico. Essas anotações serão essenciais para revisões futuras e para acompanhar seu progresso.
- **Leitura dupla com áudio:** Ler o capítulo uma segunda vez, dessa vez em voz alta, conforme sábio conselho do meu avô, é um método eficaz para reforçar o aprendizado. Ao ler e ouvir simultaneamente, você estimula diferentes áreas do cérebro, melhorando a retenção e a compreensão.
- **Crie uma rotina de leitura matinal:** Incorporar a leitura deste livro à sua rotina matinal pode preparar o terreno para um dia produtivo, inspirado pelas lições do capítulo. O período da manhã é um momento de clareza e potencial, ideal para absorver novos conhecimentos e planejar suas aplicações.
- **Aplique e reflita durante o dia:** Após a leitura, mantenha-se atento às oportunidades de aplicar o que aprendeu durante o dia. É nessa aplicação prática em que a verdadeira transformação acontece.
- **Revisão e continuidade:** Caso um dia de leitura seja perdido, não há motivo para desespero. Simplesmente retome de onde parou, revisando as anotações e reflexões do dia anterior para manter a continuidade do aprendizado.
- O **Método VEND+** é um programa de desenvolvimento pessoal e profissional na arte da comunicação. Ao seguir suas diretrizes, você maximiza o impacto de cada capítulo, transformando teoria em prática e *insights* em resultados.

Agora que o caminho para o aprendizado está traçado, é hora de mergulhar no conteúdo. Prepare-se para transformar sua abordagem de vendas, um capítulo de cada vez.

Ah, em tempo: o autor deste livro não conseguiu evitar a intromissão do executivo Gonzalito, que, imerso no tema de vendas, resolveu dar seus pitacos no conteúdo, questionar e até se revoltar com algumas coisas.

> TÁ FALANDO DE MIM?!

— Gonzalito faz a sua primeira intromissão.

CAPÍTULO UM

MÉTODO VEND+

O MÉTODO VEND+ foi criado com base em três pilares fundamentais para alcançar o sucesso em vendas: **Conectar**, **Escutar** e **Negociar.** Ao aplicar esse método, você transformará seu processo de comunicação, obtendo resultados efetivos tanto para você quanto para sua empresa.

MÉTODO
VEND+
POR FERNANDO VÍTOLO

Cada um desses pilares se desdobra nos chamados **Pontos de Ouro.** Esses pontos são os elementos-chave que compõem cada pilar, ou seja, são o *como* você faz as coisas. Como você se conecta, como você escuta e como você negocia.

ACHO QUE VOCÊ ESTÁ SE APRESSANDO
E ADIANTANDO AS COISAS!

—Gonzalito tenta diminuir o ritmo.

Vamos começar do começo. Vamos definir e entender cada um dos pilares que formam o **Método VEND+**.

1° PILAR: CONECTAR (OU VÍNCULO)

O primeiro pilar do **Método VEND+**, **Conectar**, refere-se à fase inicial do processo de vendas, em que o foco está em estabelecer uma ligação significativa e autêntica com os clientes em potencial, ou seja, criar um **Vínculo**. É o ato de criar uma ponte entre o vendedor e o cliente em potencial, estabelecendo uma base de confiança e compreensão mútua. Essa etapa envolve várias atividades e estratégias que visam atrair, engajar e construir relacionamentos com os clientes.

TÔ GOSTANDO!

— afirma Gonzalito.

2° PILAR: ESCUTAR

O segundo pilar do **Método VEND+**, **Escutar**, refere-se à fase do processo de vendas em que o foco está em compreender profundamente o cliente através da escuta ativa e empática. É a habilidade de ouvir ativamente o cliente, prestando atenção não apenas às palavras, mas também aos sinais não verbais e emocionais. Esse pilar é fundamental para entender as necessidades, desejos, preocupações e expectativas do cliente. E, por incrível que pareça, é o pilar mais negligenciado entre os vendedores.

> NENHUM VENDEDOR ME ESCUTA. É INCRÍVEL!
> EU PEÇO UMA COISA E RECEBO OUTRA.

— reclama o executivo.

3º PILAR: NEGOCIAR

O terceiro pilar do **Método VEND+**, **Negociar**, refere-se à fase do processo de vendas em que o foco está em chegar a um acordo mutuamente benéfico entre o vendedor e o cliente. Negociar envolve apresentar a oferta, superar objeções e fechar a venda de maneira eficaz e ética. Negociar é a arte de comunicar e discutir termos de uma venda de forma que ambas as partes sintam-se satisfeitas com o acordo final. Esse pilar inclui uma série de habilidades e estratégias que visam alinhar os interesses do vendedor e do cliente, garantindo que o valor do produto ou serviço seja claramente compreendido e aceito.

> É AQUI QUE O CLIENTE PEDE DESCONTO?

— questiona Gonzalito.

CAPÍTULO DOIS

PONTOS DE OURO

OS PONTOS DE OURO são essenciais em cada pilar do Método VEND+. Eles servem como um guia para potencializar sua comunicação e formam uma estrutura poderosa para orientar aqueles que trabalham com vendas.

Aqui, eu os separei para facilitar sua leitura de cada capítulo e história. Além disso, há um espaço em cada parte para você identificar cada Ponto de Ouro abordado naquele momento.

Durante sua leitura, você pode reconhecer outros Pontos de Ouro que não estão listados aqui. Caso isso ocorra, há campos em branco disponíveis para que você os complete com sua sugestão. E lembre-se, estou aqui para te ouvir e saber qual Ponto de Ouro você identificou. Quem sabe ele não seja incluído em uma próxima edição?

CACHÊ INCLUSO?

— pergunta o ardiloso.

CONECTAR (VÍNCULO)

1. **Perceba:** Esteja sempre de olho no seu público-alvo. Quais são suas necessidades, anseios e desejos?

2. **Esteja atento ao mercado:** Conheça os concorrentes e as movimentações do mercado.
3. **Monitore tendências:** Fique de olho nas novas tendências e adapte-se.
4. **Observe a concorrência:** Entenda seus concorrentes e aprenda com eles.
5. **Publicidade:** Essencial para atrair atenção e aumentar a visibilidade.
6. **Atraia clientes potenciais:** Utilize estratégias de marketing direcionadas para atrair o público certo.
7. **Entenda e conheça seu público:** Quanto mais você souber sobre seu público, melhor poderá atendê-lo.
8. **Linguagem certa:** Use uma linguagem que ressoe com seu público.
9. **Cuide da sua imagem:** Mantenha uma presença profissional e consistente.
10. **Interaja:** Engaje-se ativamente com seu público.
11. **Capture a atenção:** Utilize técnicas criativas para capturar e manter a atenção.
12. **Adapte-se:** Seja flexível e ajuste sua abordagem conforme necessário.
13. **Seja genuíno:** Autenticidade constrói confiança.
14. **Influencie:** Utilize técnicas de influência ética para persuadir.
15. **Conte histórias:** Histórias ajudam a criar conexões emocionais.
16. **Construa relacionamentos:** Relacionamentos sólidos são fundamentais para vendas de longo prazo.
17. **Seja embaixador da sua marca:** Representar sua marca com paixão pode atrair seguidores fiéis.
18. **Aproveite as oportunidades:** Esteja sempre pronto para aproveitar novas oportunidades.
19. **Seja persistente:** Persistência é chave para superar desafios.
20. **Seja flexível:** Flexibilidade ajuda a se adaptar a mudanças e necessidades do cliente.
21. ____________________
22. ____________________
23. ____________________

24. ____

25. ____

ESCUTAR

1. **Analise a personalidade do cliente:** Conheça o cliente para ajustar sua abordagem.
2. **Entenda e identifique as necessidades:** Conheça as reais necessidades do cliente.
3. **Entenda os desejos:** Além das necessidades, entenda os desejos do cliente.
4. **Tenha empatia:** Coloque-se no lugar do cliente.
5. **Seja genuíno:** Autenticidade ao ouvir constrói confiança.
6. **Queira ajudar:** Mostre interesse verdadeiro em ajudar o cliente.
7. **Preste atenção:** Ouça ativamente e preste atenção aos sinais do cliente.
8. **Leia os sinais não verbais:** Comunicação não verbal é tão importante quanto a verbal.
9. **Fale menos:** Ouvir mais ajuda a entender melhor as necessidades do cliente.
10. **Atente-se aos detalhes:** Pequenos detalhes podem fazer a diferença.
11. **Simplicidade:** Evite jargões do seu segmento. Facilite o entendimento.
12. **Seja claro:** Clareza na comunicação evita mal-entendidos.
13. **Não seja chato:** Evite insistir de maneira incômoda.
14. **Não seja inconveniente:** Respeite o espaço do cliente.
15. **Seja bem-humorado:** Humor pode criar uma conexão mais forte.
16. **Cative corações:** Crie uma conexão emocional.
17. **Construa confiança:** Confiança é fundamental para qualquer relação de vendas.
18. **Seja honesto:** Agir sem honestidade é igual o andar de um bêbado: um passo para frente, dois passos para trás.
19. **Pergunte:** ação chave para escutar.

20. ______________________________
21. ______________________________
22. ______________________________
23. ______________________________
24. ______________________________
25. ______________________________

NEGOCIAR

1. **Conheça seu produto e serviço:** Tenha conhecimento profundo sobre o que você vende.
2. **Tenha conhecimento de mercado:** Além do produto e serviço, é importante ter um conhecimento sólido do mercado em que atua.
3. **Entenda a oferta e a demanda:** Saiba como sua oferta se posiciona no mercado.
4. **Seja honesto:** Transparência constrói confiança e credibilidade.
5. **Valorize a integridade:** Integridade é essencial. Vá além da qualidade.
6. **Seja respeitoso:** Respeito mútuo facilita a negociação.
7. **Tenha uma abordagem consultiva:** Atue como um consultor, não apenas um vendedor.
8. **Oriente o cliente:** Ajude o cliente a entender o valor da sua oferta.
9. **Demonstre valor:** Mostre como seu produto/serviço atende às necessidades do cliente.
10. **Valorize a personalização:** Adapte sua abordagem, o seu serviço ou produto às necessidades específicas do cliente.
11. **Apresente seu produto ou serviço:** Faça uma apresentação clara e persuasiva.
12. **Condições de entregas claras:** Clareza nas condições e prazos de entrega.
13. **Orçamento/Proposta:** Não invente moda. Seja simples.
14. **Tenha uma proposta alternativa:** Tenha opções alternativas na manga para apresentar.

15. **Apresentar soluções relevantes:** Soluções que atendam às necessidades do cliente.
16. **Seja flexível:** Esteja aberto a contrapropostas.
17. **Projete na mente do seu cliente:** Ajude o cliente a visualizar os benefícios ao usar seu produto ou serviço.
18. **Use o CBV:** Conheça e use as Características, Benefícios e Valores do seu produto/serviço.
19. **Enfatize:** Repita, repita e repita. Mas não seja chato.
20. **Inove:** Traga soluções criativas para o cliente.
21. **Seja criativo:** Aborde problemas de maneira criativa.
22. **Seja persuasivo:** Persuasão ética para influenciar a decisão.
23. **Supere as objeções:** Esteja preparado para responder a objeções.
24. **Seja assertivo:** Defenda sua posição de maneira firme, mas respeitosa.
25. **Seja equilibrado:** Equilíbrio entre firmeza e flexibilidade. Firmeza não quer dizer grosseria.
26. **Mantenha a calma:** Calma e profissionalismo são cruciais em negociações.
27. **Seja persistente com sensibilidade:** Persistência sem ser intrusivo.
28. **Tenha resiliência frente a adversidades:** Resiliência para lidar com rejeições.
29. **Seja comprometido:** Compromisso com a solução do cliente.
30. **Acredite no seu produto ou serviço:** Confiança no que você vende.
31. **Seja paciente:** Paciência é crucial para negociações bem-sucedidas.
32. **Tenha entusiasmo:** Mostre entusiasmo pelo que você está vendendo.
33. **Crie experiências:** Proporcione experiências memoráveis.
34. **Conclua a venda:** Finalize a venda de maneira eficaz.
35. **Faça um acompanhamento pós-vendas:** Mantenha contato após a venda.
36. **Cultive relacionamentos genuínos e duradouros:** Relacionamentos sólidos levam a vendas repetidas.

37. **Seja constante e presente na vida do cliente:** Manter-se presente na vida do cliente fortalece a relação.
38. **Otimize o tempo do cliente:** Seja eficiente no uso do tempo do cliente.
39. **Antecipe necessidades:** Preveja as necessidades futuras do cliente.
40. **Faça ajustes:** Esteja disposto a ajustar conforme necessário.
41. **Encante:** Surpreenda e encante o cliente.
42. ______________________________
43. ______________________________
44. ______________________________
45. ______________________________

CAPÍTULO TRÊS

A MOLÉCULA E A FÓRMULA VEND+

O MÉTODO VEND+ pode ser comparado a uma molécula em que cada pilar fundamental — **Conectar**, **Escutar** e **Negociar** — funciona como os átomos que compõem a estrutura. Assim como em uma molécula, onde a ligação entre os átomos forma uma estrutura estável e funcional, a integração desses três pilares cria uma base sólida para o sucesso em vendas.

> PERA AÍ! O LIVRO É DE VENDAS OU DE CIÊNCIAS?

— diz o reclamão.

CONECTAR é o átomo primordial, estabelecendo a primeira ligação com os clientes. Assim como um átomo central em uma molécula, ele é responsável por atrair e manter a atenção, criando um vínculo inicial. Os Pontos de Ouro dentro desse pilar são os elétrons que giram ao redor, garantindo que a conexão seja forte e autêntica.

ESCUTAR atua como o segundo átomo, ligado diretamente ao primeiro. Esse pilar é essencial para compreender as necessidades e desejos dos clientes, permitindo que você se ajuste e responda de maneira eficaz. Os Pontos de Ouro aqui funcionam como os laços químicos que fortalecem essa conexão.

NEGOCIAR é o terceiro átomo, formando uma ligação final que completa a molécula. Esse pilar envolve apresentar soluções, superar objeções e fechar negócios de maneira eficiente. Os Pontos de Ouro nesse contexto são os componentes finais que solidificam a estrutura.

Assim como uma molécula bem-formada resulta em estabilidade e funcionalidade, a aplicação correta do ***Método VEND+*** transforma sua comunicação e maximiza seus resultados em vendas. Cada Ponto de Ouro atua como uma ligação essencial, tornando a estrutura mais robusta e eficiente, e alguns Pontos de Ouro se conectam entre si, reforçando a coesão e a interdependência dos pilares.

ACHO QUE TÔ ENTENDENDO. PARA QUE O MÉTODO FUNCIONE, NÃO PODEMOS SEPARAR OS PILARES E OS PONTOS DE OURO.

— confirma Gonzalito.

A **molécula VEND+** seria mais ou menos da seguinte maneira:

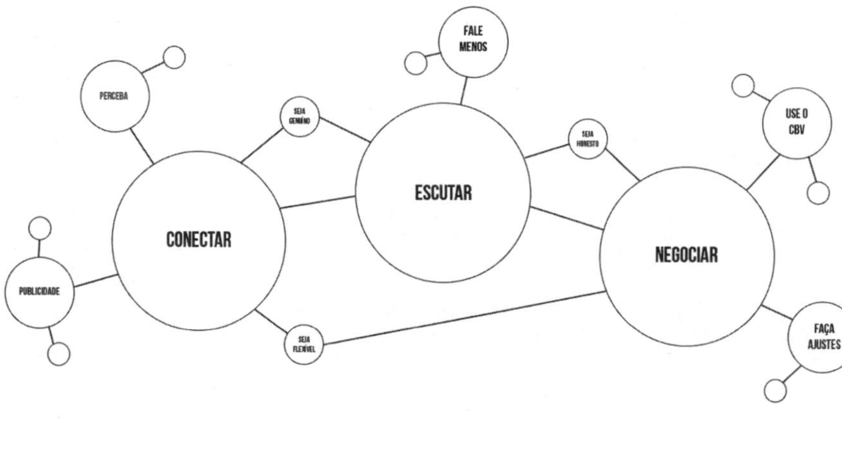

Além da molécula, desenvolvi uma fórmula de aplicação. Nesse ponto da leitura você já compreendeu os pilares. Agora é preciso **DESENVOLVÊ-LOS** para assim potencializar suas vendas. A fórmula fica dessa maneira:

$$\text{VEND+} = \frac{\text{CON(V)} + \text{ES} + \text{NE}}{\text{DESENVOLVER}}$$

Parece complexa ao batermos o olho, mas é bem simples.

CON = CONECTAR
(V) = (OU VÍNCULO)
ES = ESCUTAR
NE = NEGOCIAR

Os três pilares devem estar em harmonia e bem desenvolvidos (DESENVOLVER) para termos sucesso com o **Método VEND+**.

Em síntese, para vender mais (VEND+), é necessário desenvolver em equilíbrio a conexão, a escuta e a negociação.

CAPÍTULO QUATRO

O JEITO HUMANO DE VENDER

Aqui preciso fazer uma confissão.

> UÉ, ESTAMOS NA IGREJA E NÃO PERCEBI?

— Gonzalito: sempre reclamando.

ESTE LIVRO JÁ ESTAVA FINALIZADO quando fui ministrar a primeira turma do curso **VEND+**. Esse é um curso que ofereço com frequência para quem deseja aprimorar suas técnicas de venda, assim como você, que está lendo este livro.

Bem, era a primeira turma, e eu queria avaliar se o conteúdo do curso estava adequado, se as dinâmicas faziam sentido, se funcionavam e assim por diante. Ao final, comecei a coletar o que mais marcou os participantes, e um comentário em especial me chamou a atenção. Uma das alunas disse que o método não era uma técnica convencional de ficar discutindo objeções, funil de vendas etc., mas sim uma maneira mais humana de vender.

Aqui, faço um alerta: se você espera encontrar fórmulas milagrosas, scripts de vendas, técnicas de marketing digital ou uso de mensagens programadas, sinto muito, mas não é isso que vai acontecer por aqui.

Também não vamos abordar a "técnica" de ficar se olhando no espelho e sorrindo, criar discursos decorados, quebrar tábuas como se estivéssemos em uma aula de caratê ou urrar gritos de guerra como se estivéssemos em alguma tribo prestes a entrar em ação.

BOM, JÁ ESTOU FICANDO MAIS TRANQUILO.

— se acalma Gonzalito.

Esse tipo de coisa se normalizou no meio de vendas, mas não é natural. Precisamos voltar às nossas raízes, à nossa essência, aos nossos valores.

- Uma abordagem direta e objetiva nas vendas é normal, mas não é natural.
- Focar no preço e no desconto é normal, mas não é natural.
- A falta de personalização é normal, mas não é natural.
- Falar mais do que ouvir é normal, mas não é natural.
- A falta de conhecimento sobre o produto ou serviço é normal, mas não é natural.
- A pressão para converter uma venda é normal, mas não é natural.

Tudo isso se conecta com o conceito de **Economia ao Natural**, criado por Roberto Tranjan. E é exatamente isso que quero trazer: precisamos nos conectar com nossa humanidade para vender mais e melhor, evitando a todo custo aquilo que se tornou norma, mas é contrário à nossa natureza.

Vale lembrar que vivemos em uma época em que muitos vendedores estão sendo substituídos por Inteligência Artificial, bots e programas automatizados. Se nos limitarmos a seguir um "passo a passo" mecânico e formos indiferentes ao fator humano, nada mais nos restará a não ser, de fato, sermos substituídos por robôs. Nesse cenário, a briga será sempre por preço e desconto — algo que as máquinas podem fazer muito bem, por sinal.

Por outro lado, quando entendemos a nossa essência, nós saímos dessa guerra de preço e de automatização. O verdadeiro diferencial é a conexão humana, a empatia, a capacidade de ouvir de verdade e de criar soluções personalizadas — tudo isso é insubstituível por qualquer algoritmo. E é justamente nesse ponto que conseguimos resultados ainda mais surpreendentes, pois oferecemos uma experiência que vai além de uma transação comercial; oferecemos relacionamento, confiança e valor genuíno.

CAPÍTULO CINCO

A VENDA INVISÍVEL

"Vender não tem nada a ver com enganar as pessoas.
Para quem é honesto e leal, nunca faltam clientes."
LEANDRO BRANQUINHO

VENDER NÃO SE LIMITA a transações comerciais ou negociações em salas de reunião. É uma habilidade essencial, que permeia todas as facetas da nossa vida. Quando você compartilha uma publicação nas redes sociais, está vendendo sua imagem; ao discutir quem lavará a louça ou decidir onde jantar, está negociando; e ao recomendar um filme, está persuadindo. Cada interação é uma oportunidade de influenciar e criar valor. E a interação faz parte de um processo comunicativo.

Segundo o LinkedIn[1], as habilidades de venda estão entre as mais procuradas no mercado de trabalho, e devem dobrar nos próximos cinco anos. Isso reflete não apenas o valor dessas competências no setor comercial, mas também a sua aplicabilidade em diversas outras áreas.

[1] Pequenas Empresas & Grandes Negócios. Levantamento do LinkedIn mostra as 10 habilidades mais procuradas pelas empresas. Disponível em: <https://revistapegn.globo.com/Dia-a-dia/Gestao-de-Pessoas/noticia/2022/09/levantamento-do-linkedin-mostra-10-habilidades-mais-procuradas-pelas-empresas.html>.

Imagine Joana (personagem fictícia), uma empreendedora que iniciou sua jornada vendendo artesanatos online. Inicialmente, ela enxergava a venda como meramente transacional. Contudo, ao compreender a venda como uma forma de contar histórias e construir relacionamentos, sua abordagem mudou. Ela começou a compartilhar as histórias por trás de cada peça, o processo de criação e o impacto social de suas vendas. O resultado? Um aumento de 50% em suas vendas em seis meses. Joana percebeu que vender é sobre conectar, engajar e construir confiança.

E ESCUTAR E NEGOCIAR!

— acrescenta nosso *ombudsman*.

ORIENTAÇÕES PRÁTICAS:

- **Escute mais do que fala:** Compreenda as necessidades e desejos de seu interlocutor. Isso cria uma conexão mais profunda e aumenta a eficácia da sua venda.
- **Conte histórias:** Histórias geram conexão emocional e são lembradas mais facilmente. Integre-as ao explicar o valor do que está vendendo.
- **Seja autêntico:** Pessoas confiam em quem mostra genuinidade. Vender também é um ato de honestidade e integridade.

PARA REFLETIR:

Após ler este capítulo, pense: "Quando foi a última vez que percebi estar vendendo algo fora de um contexto comercial? Como posso aplicar as habilidades de venda de maneira mais consciente no meu dia a dia?"

EXERCÍCIO PRÁTICO:

Escolha um objeto ou ideia para "vender" a um amigo ou familiar. Utilize as técnicas de escuta ativa, *storytelling* e autenticidade mencionadas. Observe a reação deles e reflita sobre como essas habilidades podem ser aprimoradas e aplicadas em diferentes aspectos da sua vida.

QUAL PILAR FOI MAIS EVIDENTE?

☐ CONECTAR ☐ ESCUTAR ☐ NEGOCIAR

QUAIS OS PONTOS DE OURO QUE VOCÊ PÔDE IDENTIFICAR?

____

____

____

____

____

CAPÍTULO SEIS

ENTRE A CAMISA E O PÚBLICO

"Quem não comunica, se trumbica."

CHACRINHA

A COMUNICAÇÃO EFICAZ é a chave mestra que abre inúmeras portas de oportunidades. Quem domina a arte de comunicar de forma clara e convincente não só captura a atenção, mas também conquista a confiança e o interesse de sua audiência. A essência da boa comunicação está em ser compreendido, em garantir que a mensagem que você tem em mente seja transmitida e assimilada de forma significativa pelo receptor.

A importância de se adaptar ao seu público não pode ser subestimada. Um estudo[2] revelou que 86% dos executivos acreditam que falhas na comunicação são uma grande causa de erros nos negócios. Isso destaca a necessidade crítica de uma comunicação efetiva não apenas em vendas, mas em todas as interações comerciais.

---

[2] KOJIC, Marija. *Workplace Communication Statistics in 2025. Pumble, by Cake.com Inc.* Disponível em: <https://pumble.com/learn/communication/communication-statistics/>.

Considere o exemplo clássico de rivalidade entre times de futebol. Suponha que você seja um vendedor ambulante, um torcedor apaixonado do Palmeiras, tentando vender água em um dia de jogo. No entanto, você se encontra na área da torcida do Corinthians.

CÊ TÁ LOUCO? VAI APANHAR!

— grita Gonzalito.

Vestir a camisa do Palmeiras nesse contexto pode não ser a melhor estratégia para se conectar com seu público-alvo. Você tem duas opções claras: trocar para uma camisa do Corinthians, alinhando-se visualmente com seus clientes potenciais, ou mudar sua localização para a torcida do Palmeiras, onde sua aparência original ressoaria melhor. Esse exemplo simples ilustra a importância de conhecer e se adaptar ao seu público para se comunicar efetivamente e fechar vendas.

ORIENTAÇÕES PRÁTICAS:

- **Conheça seu público:** Compreender as preferências, valores e a linguagem do seu público é fundamental. Adapte sua mensagem para ressoar com eles.
- **Simplicidade e clareza:** Mantenha sua mensagem simples e direta. Evite jargões que possam confundir ou alienar seu público.
- **Esteja aberto a ajustes:** A comunicação é um processo dinâmico. Esteja pronto para ajustar sua abordagem com base no feedback e na receptividade do público.

PARA REFLETIR:

Refletindo sobre o exemplo do futebol, quando foi a última vez que você precisou ajustar sua "camisa" para se comunicar mais eficazmente?

EXERCÍCIO PRÁTICO:

Identifique uma situação em que você precisa comunicar algo importante. Planeje sua mensagem considerando o perfil do seu público. Após a interação, reflita sobre como a adaptação da sua abordagem influenciou o resultado.

QUAL PILAR FOI MAIS EVIDENTE?

- [ ] CONECTAR
- [ ] ESCUTAR
- [ ] NEGOCIAR

QUAIS OS PONTOS DE OURO QUE VOCÊ PÔDE IDENTIFICAR?

____

____

____

____

____

CAPÍTULO SETE

VENDER É HUMANO

"Em vendas, clientes compram confiança
antes de comprar qualquer coisa."
FERNANDO VÍTOLO

NO MUNDO DE HOJE, onde as ideias fluem livremente e a comunicação nunca foi tão acessível, uma verdade se destaca: todos nós somos vendedores. Essa afirmação pode parecer surpreendente à primeira vista, mas a realidade é que, quer estejamos cientes disso ou não, vendemos constantemente – nossas ideias, habilidades, imagens e até mesmo nossas convicções.

EU, POR EXEMPLO, SOU FREQUENTEMENTE ELOGIADO POR TER IDEIAS NOVAS E EM APRESENTAR E COMUNICAR ESSAS IDEIAS COM CLAREZA E CONVICÇÃO.

— conta Gonzalito.

Isso não é coincidência. Como disse Silvio Acherboim para mim outro dia: "quanto mais eu crio, mais eu crio". Esse princípio se aplica não apenas à geração de ideias, mas também à arte de vender. Quanto mais praticamos, mais natural e eficaz se torna nossa habilidade de vender.

A PRÁTICA LEVA À MAESTRIA

Assim como o exercício físico, que no início pode ser desafiador e até doloroso, a prática constante leva a melhorias notáveis. Inicialmente, os resultados podem parecer lentos ou inexistentes, mas com persistência e dedicação, a transformação ocorre. A venda, como qualquer outra habilidade, melhora com o tempo e a experiência. Cada interação é uma oportunidade de aprimoramento, cada feedback é uma lição.

TODOS SÃO VENDEDORES EM POTENCIAL

Não existe um "dom divino" para vendas que seja exclusivo de alguns poucos escolhidos.

> EU JURAVA QUE EU ERA UM ESCOLHIDO!

— diz Gonzalito, um pouco triste.

A habilidade de vender é como um músculo que todos possuem; só precisa ser treinado e desenvolvido. Algumas pessoas já têm esse músculo mais desenvolvido. Com a mente e a disposição para aprender e crescer, qualquer um pode se tornar um vendedor excepcional.

ORIENTAÇÕES PRÁTICAS:

- **Pratique a arte de vender:** Comece com pequenas vendas diárias. Pode ser uma ideia que você quer que seus amigos apoiem ou um produto no qual você acredita.

- **Observe e aprenda:** Preste atenção nos vendedores ao seu redor. O que fazem bem? Como se comunicam? Aprenda com os melhores.
- **Busque opiniões sobre suas técnicas de venda:** O que funcionou? O que não funcionou? Use essas informações para melhorar.

PARA REFLETIR:

Você já se viu como um vendedor em potencial? Quais são as áreas em que você pode aplicar suas habilidades de venda de maneira mais consciente e eficaz?

EXERCÍCIO PRÁTICO:

Nesta semana, identifique uma "venda" que você precisa fazer – pode ser uma ideia, um produto ou até mesmo persuadir alguém a fazer algo. Aplique conscientemente as técnicas de venda que você conhece e observe o resultado. Reflita sobre o que aprendeu com a experiência.

QUAL PILAR FOI MAIS EVIDENTE?

☐ CONECTAR ☐ ESCUTAR ☐ NEGOCIAR

QUAIS OS PONTOS DE OURO QUE VOCÊ PÔDE IDENTIFICAR?

____

____

____

____

____

CAPÍTULO OITO

ENERGIA QUE CONVENCE

"Para cada venda que você perde por ser muito empolgado, você perderá 100 por não ter sido empolgado o suficiente."
Zig Ziglar

O ENTUSIASMO É A FAÍSCA que acende a chama da persuasão em vendas. Ele não apenas energiza o vendedor, mas também ilumina o caminho para o coração e a mente dos clientes. Imagine começar uma aula, uma apresentação de vendas ou até mesmo uma conversa casual com um bocejo desinteressado. Difícil imaginar que alguém permaneceria engajado, não é mesmo? O entusiasmo é contagioso, e sua ausência, ainda mais.

Acreditar verdadeiramente no produto ou serviço que você está vendendo não é apenas importante, mas crucial. Vendedores apaixonados pelos seus produtos têm mais chance de vender. A paixão é perceptível e pode ser o diferencial que convence um cliente em potencial a fazer uma compra. Se você não acredita no que vende, como pode esperar que outros acreditem?

SE EU TIVER UM PRODUTO OU SERVIÇO RUIM, ENTÃO MINHA CARA DE PAU TEM QUE SER MAIOR?

— questiona Gonzalito.

HISTÓRIAS QUE INSPIRAM

Considero que eu acabo me destacando tanto pela geração de ideias quanto pela habilidade em comunicá-las com vigor. A chave para o sucesso? Entusiasmo genuíno e uma crença inabalável em minhas ideias e métodos de ensino. Esse mesmo princípio se aplica às vendas: o entusiasmo é magnético, atraindo clientes e criando conexões duradouras.

ORIENTAÇÕES PRÁTICAS:

- **Acredite no seu produto:** Você não pode vender algo em que não acredita. Encontre produtos ou serviços que você genuinamente admira e quer compartilhar com os outros.
- **Mantenha a energia alta:** Seu estado de espírito e energia são contagiosos. Encontre maneiras de manter seu entusiasmo elevado, seja através da motivação pessoal, música animada antes de uma apresentação ou lembrando-se dos sucessos passados.

- **Construa relações genuínas:** Encontre pontos em comum com seus clientes. Relações genuínas criam confiança e abrem portas para vendas futuras.

PARA REFLETIR:

Você já experimentou uma situação em que o entusiasmo (ou a falta dele) influenciou sua decisão de compra? Como você pode aplicar essa lição nas suas próprias técnicas de venda?

EXERCÍCIO PRÁTICO:

Esta semana, identifique uma oportunidade para vender algo - pode ser uma ideia, um produto, ou até mesmo persuadir alguém a adotar uma nova perspectiva. Antes da sua "venda", dedique alguns momentos para aumentar seu entusiasmo. Reflita sobre como isso afeta a sua apresentação e o resultado final.

DICA BÔNUS:

Meu amigo, Heródoto Barbeiro, faz uma meditação que o auxilia muito quando vai fazer seus programas, dar entrevistas, etc. É a meditação da gargalhada. É, você não leu errado. Ela consiste em dar risadas, gargalhar até mudar seu estado de espírito. E funciona mesmo. Quando vou até um cliente ou reuniões eu abro um sorriso (mesmo que bem forçado) e mentalizo que estou fazendo a melhor coisa naquele momento. Pronto, entusiasmo garantido.

QUAL PILAR FOI MAIS EVIDENTE?

☐ CONECTAR ☐ ESCUTAR ☐ NEGOCIAR

QUAIS OS PONTOS DE OURO QUE VOCÊ PÔDE IDENTIFICAR?

____

____

____

____

____

CAPÍTULO NOVE

REPETIR PARA CONVENCER

"Estabelecer a confiança é melhor
do que qualquer técnica de vendas."
MIKE PUGLIA

A REPETIÇÃO É UM PILAR fundamental na arte de vender. Não se trata apenas de dizer a mesma coisa várias vezes, mas de enfatizar os pontos-chave de maneira criativa e envolvente, garantindo que a mensagem não só seja ouvida, mas também lembrada e compreendida.

POR ISSO QUE VOCÊ REPETE VÁRIAS VEZES
A MESMA COISA AQUI NO LIVRO?

— aponta Gonzalito.

Confira esse texto de venda que fiz do Porsche (essa não é uma publicidade real, fiz apenas para ilustrar o conteúdo):

Descubra o Incomparável: Porsche

Apresentamos a você não apenas um carro, mas uma peça única de engenharia e design. O Porsche não é um veículo que você encontra em qualquer esquina. Por quê? Porque é exclusivo. Ter um Porsche nas suas mãos é sentir um vigor inigualável, é saber que você é capaz de alcançar qualquer coisa.

Com desempenho que desafia os limites da física e um design que pode ser tanto moderno quanto retrô, adaptando-se perfeitamente ao seu estilo, o Porsche oferece uma experiência sem precedentes. Cada detalhe, cada curva, cada linha foi pensada para proporcionar não apenas um meio de transporte, mas uma verdadeira obra de arte em movimento.

Conforto? Inigualável. Cada momento ao volante é uma experiência de primeira classe, onde a tecnologia de ponta encontra materiais de luxo para criar um ambiente acolhedor e sofisticado. Seja em uma viagem longa ou apenas um passeio pela cidade, o Porsche garante uma jornada confortável e prazerosa.

Mas não é só sobre o carro. É sobre manter a sua essência. É sobre dirigir um veículo que tem um motor de verdade, um coração pulsante pronto para levar você aonde sua alma desejar. O Porsche não é apenas um carro, é um símbolo de status, um marco de conquista, um companheiro para a vida.

E a verdade? Ele não precisa ser vendido. O Porsche vende-se sozinho. Porque quando você conhece o Porsche, você entende. Não é apenas um carro. É o Porsche.

ANÁLISE

Ao apresentar o Porsche como um exemplo, a estratégia foi clara: destacar não apenas o carro, mas o estilo de vida que ele representa. O desempenho excepcional, o design que reflete personalidade e o conforto incomparável foram pontos repetidos, mas de maneiras distintas, mostrando que um produto excepcional "vende-se sozinho" através da força de sua narrativa.

Você consegue destacar quais pontos da publicidade são repetições feitas de maneiras diferentes?

EXCLUSIVIDADE:

- "uma peça única de engenharia e design"
- "não é um veículo que você encontra em qualquer esquina"
- "Porque é exclusivo"

DESEMPENHO:

- "Com desempenho que desafia os limites da física"
- "um vigor inigualável"

ESTILO/DESIGN:

- "um design que pode ser tanto moderno quanto retrô"
- "cada detalhe, cada curva, cada linha foi pensada"

CONFORTO:

- "Conforto? Inigualável."
- "uma experiência de primeira classe"
- "ambiente acolhedor e sofisticado"

AUTENTICIDADE/ESSÊNCIA:

- "É sobre manter a sua essência."
- "um veículo que tem um motor de verdade, um coração pulsante"

AUTO-SUFICIÊNCIA NA VENDA:

- "Ele não precisa ser vendido."
- "O Porsche vende-se sozinho."

Estas são as principais características ou qualidades destacadas no texto, repetidas de formas variadas para reforçar a mensagem de marketing e criar uma imagem sólida e atraente do Porsche.

A CIÊNCIA POR TRÁS DA REPETIÇÃO

A repetição aumenta a familiaridade e a confiança em um produto. O "Efeito de Mera Exposição", um fenômeno psicológico, sugere que as pessoas tendem a desenvolver uma preferência por coisas simplesmente porque estão familiarizadas com elas. Isso reforça a importância de repetir os principais benefícios de um produto, adaptando a mensagem para diferentes plataformas e audiências.

ORIENTAÇÕES PRÁTICAS:

- **Identifique os pontos-chave:** Escolha cinco a seis características ou benefícios principais do seu produto ou serviço e foque neles.
- **Varie a apresentação:** Apresente esses pontos de maneira variada, utilizando diferentes formatos e mídias para manter a mensagem fresca e envolvente.
- **Conecte com histórias:** Associe cada ponto-chave a uma história ou exemplo que ilustre seu impacto, tornando a repetição não apenas informativa, mas também memorável.

PARA REFLETIR:

Você consegue identificar uma marca ou produto que efetivamente usa a repetição em sua comunicação? Como essa estratégia afeta sua percepção ou decisão de compra?

EXERCÍCIO PRÁTICO:

Escolha um produto ou serviço que você admira. Defina cinco pontos-chave sobre ele e crie três versões diferentes de uma mensagem de venda, cada uma adequada para um canal diferente (ex.: postagem em redes sociais, e-mail, apresentação ao vivo). Observe como a variação na apresentação pode reforçar a mensagem central.

QUAL PILAR FOI MAIS EVIDENTE?

☐ CONECTAR ☐ ESCUTAR ☐ NEGOCIAR

QUAIS OS PONTOS DE OURO QUE VOCÊ PÔDE IDENTIFICAR?

____

____

____

____

____

CAPÍTULO DEZ

PROJEÇÃO

"A história é o coração da venda."
MATTHEW POLLARD

A projeção é uma técnica poderosa no universo das vendas, atuando como uma ponte entre o desejo e a aquisição.

PRECISO USAR DATASHOW?

— pergunta Gonzalito.

QUANDO UM CLIENTE POTENCIAL consegue se visualizar usufruindo de um produto ou serviço, a jornada de compra avança significativamente. Esta técnica transcende a simples apresentação de características, transformando-se em uma experiência imersiva que destaca os benefícios e o valor do que está sendo oferecido.

A PSICOLOGIA POR TRÁS DA PROJEÇÃO

Considere o papel dos manequins em uma loja de roupas. Eles não são meros suportes para as peças, são ferramentas de projeção cuidadosamente desenhadas para que você se visualize vestindo aquelas roupas. Quando você entra na loja atraído por um manequim, é porque conseguiu se projetar naquela roupa, imaginando como ela ficaria em você. Este é o poder da projeção em ação. Mesmo que, às vezes, a peça não se ajuste perfeitamente ao experimentar, o primeiro passo foi dado porque a projeção fez seu trabalho, criando a conexão inicial e o desejo.

ORIENTAÇÕES PRÁTICAS:

- **Crie cenários:** Desenvolva histórias que se conectem diretamente com os desejos e necessidades de seus clientes. Use descrições vívidas para trazer essas histórias à vida.
- **Utilize recursos visuais:** Imagens, vídeos e demonstrações ao vivo podem ser extremamente eficazes para ajudar os clientes a se projetarem usando o produto ou serviço.
- **Foque nos benefícios:** Em vez de listar características, concentre-se em como o produto melhora a vida do cliente. Quais problemas ele resolve? Que prazeres ele proporciona?

PARA REFLETIR:

Você já se pegou comprando algo porque conseguiu se ver usando ou aproveitando aquele produto? Como a projeção influenciou sua decisão?

EXERCÍCIO PRÁTICO:

Escolha um produto que você gostaria de vender. Imagine três cenários diferentes onde este produto seria idealmente utilizado. Descreva esses cenários de uma forma que um cliente possa se projetar neles. Experimente com amigos ou colegas, pedindo que compartilhem como se sentiram ao ouvir suas descrições.

QUAL PILAR FOI MAIS EVIDENTE?

☐ CONECTAR ☐ ESCUTAR ☐ NEGOCIAR

QUAIS OS PONTOS DE OURO QUE VOCÊ PÔDE IDENTIFICAR?

CAPÍTULO ONZE

VENDA É EMOÇÃO

"A venda é a transferência de sentimentos."
Zig Ziglar

COMPREENDER A NATUREZA emocional da compra é fundamental para qualquer vendedor. As decisões de compra, embora muitas vezes pareçam racionais, são profundamente enraizadas em emoções. A técnica CBV – Características, Benefícios e Vantagens (que aprendi com o ilustre Ciro Bottini) é uma poderosa estratégia de vendas que transforma essas emoções em decisões de compra conscientes.

CBV PARECE NOME DE BANCO!

— destaca o atento aluno.

O PEDIDO DE NATAL

Lembro de uma vez, perto do Natal, que meu avô veio com uma ideia: "Que tal escrever uma carta para o Papai Noel com o seu pedido de presente?" Mas tinha um porém: ele queria que eu explicasse por que o presente que eu estava pedindo era importante.

Naquela época, o que eu mais queria era um Nintendo 64. Se você não conhece, era o videogame mais legal do momento. Primeiro console de 64 bits, com jogos em 3D e câmera que girava 360 graus – uma revolução!

Na carta, eu tentei ser esperto, dizendo que o Nintendo 64 ia me ajudar a "entender melhor o mercado e as novas tecnologias". Quem eu estava tentando enganar? Eu só queria mesmo era jogar até não poder mais. Mas foi uma maneira de tentar racionalizar o que eu queria.

APLICANDO A TÉCNICA CBV

Características são os atributos técnicos ou físicos de um produto. No exemplo de um smartphone, incluem a capacidade de armazenamento ou a resolução da câmera.

Benefícios traduzem essas características em melhorias diretas para o usuário, como a capacidade de guardar inúmeras fotos e vídeos.

Vantagens destacam como o produto se sobressai em relação aos concorrentes, enfatizando, por exemplo, uma resolução de câmera superior a outra na mesma faixa de preço.

EXEMPLO PRÁTICO: O SMARTPHONE

- **Característica:** Câmera de 108 megapixels.
- **Benefício:** Permite capturar imagens detalhadas, ideais para fotografia de alta qualidade.
- **Vantagem:** Oferece a melhor resolução de imagem na categoria, superando concorrentes.

ORIENTAÇÕES PRÁTICAS:

- **Mergulhe nas características:** Entenda profundamente cada aspecto do seu produto ou serviço.

- **Conecte com as emoções:** Relate os benefícios de forma que ressoem emocionalmente com o cliente, mostrando como o produto pode enriquecer sua vida.
- **Destaque a singularidade:** Aponte as vantagens únicas, colocando seu produto à frente da concorrência.

PARA REFLETIR:

Quando foi a última vez que um produto ou serviço capturou sua atenção por suas vantagens claras sobre outros? Como isso influenciou sua decisão de compra?

EXERCÍCIO PRÁTICO:

Escolha um produto ou serviço. Identifique e escreva as suas principais características, os benefícios diretos para o cliente e as vantagens competitivas. Tente aplicar isso numa conversa, observando a reação do interlocutor.

QUAL PILAR FOI MAIS EVIDENTE?

☐ CONECTAR ☐ ESCUTAR ☐ NEGOCIAR

QUAIS OS PONTOS DE OURO QUE VOCÊ PÔDE IDENTIFICAR?

____

____

____

____

____

CAPÍTULO DOZE

ENGANAMENTO

FINALMENTE VAMOS FALAR DE UMA TÉCNICA DE VENDEDOR QUE CONHEÇO!

— se anima Gonzalito.

A ESSÊNCIA DA VENDA bem-sucedida reside na habilidade de encantar clientes, transformando interações comuns em experiências memoráveis. No entanto, é crucial distinguir entre encantamento e "enganamento". A integridade, a transparência e a honestidade são pilares que constroem relacionamentos duradouros com os clientes, fundamentados na confiança e no respeito mútuo.

A LINHA TÊNUE ENTRE ENCANTAR E ENGANAR

Encantar clientes é uma arte que requer autenticidade e um profundo entendimento das necessidades e desejos do cliente. O verdadeiro encantamento vem de oferecer soluções genuínas que agregam valor, não de promessas vazias ou exageradas. A longevidade de sua carreira em vendas depende da credibilidade que você constrói e da confiança que você nutre.

"O encantamento é a forma mais pura de venda".
GUY KAWASAKI

PRÁTICAS PARA ENCANTAMENTO ÉTICO:

Veracidade nas características: Garanta que todas as informações sobre produtos ou serviços sejam precisas e verificáveis. Evite exageros que possam levar a expectativas irreais.

Foco no valor real: Concentre-se em como o produto ou serviço pode resolver problemas reais ou melhorar a vida do cliente. O encantamento surge da satisfação genuína do cliente, não de truques de vendas.

Transparência nas intenções: Seja claro sobre o que o cliente pode esperar do produto ou serviço. A honestidade cria uma base sólida para relacionamentos de longo prazo.

O COMPROMISSO COM A VERDADE

Imagine um vendedor que, ao invés de exaltar as qualidades inexistentes de um produto, destaca como suas verdadeiras características podem beneficiar o cliente. Este vendedor não só conquista a venda como também ganha um defensor da marca, alguém que confia na sua integridade.

PARA REFLETIR:

Você já comprou algo baseado em promessas que não foram cumpridas? Como isso afetou sua percepção da marca ou do vendedor?

EXERCÍCIO PRÁTICO:

Escolha um produto ou serviço que você conhece bem. Desenvolva uma breve apresentação de vendas focada em transparência, destacando fielmente suas características, benefícios e limitações. Compartilhe com amigos ou colegas e peça um feedback sobre a percepção de autenticidade e confiança transmitida.

QUAL PILAR FOI MAIS EVIDENTE?

☐ CONECTAR ☐ ESCUTAR ☐ NEGOCIAR

QUAIS OS PONTOS DE OURO QUE VOCÊ PÔDE IDENTIFICAR?

____

____

____

____

____

CAPÍTULO TREZE

UMA BOA VENDA

"Aproxime-se de cada cliente com a ideia de ajudá-lo
a resolver um problema ou alcançar um objetivo,
não de vender um produto ou serviço."
BRIAN TRACY

UMA BOA VENDA TRANSCENDE a simples transação de produtos ou serviços...

> É AQUELA QUE EU COLOQUEI BASTANTE DINHEIRO NO BOLSO!

— interrompe o executivo.

...é uma experiência que marca o cliente, deixando uma impressão duradoura de satisfação e confiança. Mas o que exatamente transforma uma compra em uma experiência excepcional? Pode ser o atendimento personalizado, a atenção aos detalhes, ou até mesmo a surpresa de ter suas necessidades antecipadas e superadas.

CONTINUANDO O ENCANTAMENTO

Encantar um cliente significa ir além do esperado. Steve Jobs uma vez disse que os clientes nem sempre sabem o que querem até que lhes mostremos.

> AH, ISSO EU CONCORDO. MEUS CLIENTES, MUITAS VEZES, PARECEM CONFUSOS NA HORA QUE VÃO DIZER O QUE PRECISAM.

— afirma Gonzalito.

Esta ideia ressalta a importância de entender profundamente as necessidades dos clientes, algumas das quais eles podem não estar conscientes.

ORIENTAÇÕES PARA UMA VENDA EXCEPCIONAL:

- **Ouça atentamente:** A base de uma venda excepcional é a capacidade de ouvir o que o cliente diz e o que não diz. Isso requer empatia e atenção, habilidades que permitem identificar as verdadeiras necessidades do cliente.
- **Antecipe necessidades:** Use seu conhecimento e experiência para antecipar o que o cliente pode precisar, mesmo que ele não expresse diretamente. Isso demonstra compreensão e cuidado, elementos chave para criar uma conexão profunda.
- **Surpreenda positivamente:** Pequenos gestos, como oferecer um café ou apresentar um produto adicional que complemente a compra de maneira útil, podem transformar uma experiência de venda comum em uma memorável.

A EXPERIÊNCIA QUE FAZ A DIFERENÇA

Imagine um cliente procurando um novo smartphone. Em vez de simplesmente apresentar os modelos mais recentes, o vendedor inicia uma conversa para entender como o cliente usa seu telefone no dia a dia. Com essas informações, o vendedor sugere não apenas um smartphone, mas também acessórios úteis que o cliente não tinha considerado, criando uma solução completa que encanta e satisfaz.

PARA REFLETIR:

Pense em uma experiência de compra que superou suas expectativas. O que a tornou memorável? Como você pode aplicar esses *insights* em suas próprias vendas?

EXERCÍCIO PRÁTICO:

Na próxima oportunidade de venda, dedique um momento para realmente ouvir e entender seu cliente. Tente antecipar uma necessidade que ele não expressou e ofereça uma solução. Após a interação, reflita sobre como isso afetou a experiência do cliente e sua decisão de compra.

QUAL PILAR FOI MAIS EVIDENTE?

☐ CONECTAR ☐ ESCUTAR ☐ NEGOCIAR

QUAIS OS PONTOS DE OURO QUE VOCÊ PÔDE IDENTIFICAR?

____

____

____

____

CAPÍTULO QUATORZE

A NOBREZA DE VENDER

"O sucesso chega para aqueles que se tornam conscientes do sucesso. O fracasso acontece para aqueles que se permitem tornar conscientes do fracasso."

Napoleon Hill

A PROFISSÃO DE VENDEDOR tem enfrentado estereótipos negativos ao longo dos anos, muitas vezes vista como um último recurso para aqueles em busca de ganho rápido. É igual quando dizem: "Aquele lá é vendedor".

É PRATICAMENTE UM XINGAMENTO.

— observa o espertinho Gonzalito.

No entanto, esta percepção distorce a verdadeira essência e a importância vital da venda em todos os setores da economia. Vender não é apenas transacionar produtos ou serviços; é sobre criar conexões, entender necessidades e oferecer soluções que melhorem vidas. Em sua essência, ser vendedor é ser um solucionador de problemas, um consultor confiável e, muitas vezes, um psicólogo para seus clientes.

A ARTE E A CIÊNCIA DA VENDA

Vender é tanto uma arte quanto uma ciência, exigindo habilidades de comunicação, empatia, paciência e um entendimento profundo do produto ou serviço oferecido. Além disso, a integridade e a honestidade são fundamentais para construir relações duradouras com os clientes.

TRANSFORMANDO A PERCEPÇÃO DA PROFISSÃO:

Educação contínua: Invista em seu desenvolvimento profissional através de cursos, workshops e leituras. Quanto mais você souber, mais poderá servir seus clientes com eficácia.

Foco no serviço: Veja-se como um prestador de serviço, não apenas um vendedor. Ao focar em como você pode ajudar o cliente, você eleva sua profissão a um ato de serviço.

Construa relacionamentos: A venda não termina com a transação. Cultive relacionamentos de longo prazo com seus clientes, mostrando que você se importa com suas necessidades contínuas.

A VENDA TRANSFORMADORA

Imagine um vendedor de equipamentos médicos que não apenas entende os produtos que vende, mas também os desafios enfrentados pelos profissionais de saúde. Este vendedor não vê cada interação como uma chance de fazer uma venda, mas como uma oportunidade para fazer a diferença na qualidade do atendimento ao paciente. Este é o poder transformador de uma venda feita não apenas com o conhecimento, mas também com o coração.

PARA REFLETIR:

Você já teve uma experiência de compra em que viu o vendedor de forma diferente, talvez até inspiradora? O que fez essa experiência se destacar?

EXERCÍCIO PRÁTICO:

Aborde cada interação de venda com o objetivo de entender profundamente as necessidades do seu cliente e oferecer soluções personalizadas. Anote as reações dos clientes e reflita sobre como essa abordagem afeta a experiência de compra deles e sua percepção de você como vendedor.

QUAL PILAR FOI MAIS EVIDENTE?

☐ CONECTAR ☐ ESCUTAR ☐ NEGOCIAR

QUAIS OS PONTOS DE OURO QUE VOCÊ PÔDE IDENTIFICAR?

____

____

____

____

____

CAPÍTULO QUINZE

O CLIENTE NÃO É SEU AMIGO

"O pior mercado é aquele que não busca atender os interesses do cliente."
FERNANDO VÍTOLO

QUANDO FALAMOS SOBRE MERCADOS difíceis no Brasil, o mercado imobiliário surge como um dos mais desafiadores. É um ambiente onde práticas controversas não são apenas comuns, mas muitas vezes a norma. Comecei a explorar esse setor em 2023, ao lado da minha esposa, que é arquiteta e corretora de imóveis. Juntos, decidimos estudar as oportunidades e armadilhas desse mercado. É um dos que mais prospera financeiramente no Brasil. Talvez justamente por isso, seja um dos mais problemáticos.

OU SEJA, QUANDO FALTAR DINHEIRO, TALVEZ MELHORE, É ISSO?

— engata Gonzalito.

Um dos grandes dilemas do mercado imobiliário é a ilusão de riqueza rápida. Corretores são atraídos por promessas grandiosas, vendidas por grandes imobiliárias e construtoras, que muitas vezes se assemelham ao marketing de rede e com um discurso motivacional vazio. Esses profissionais são incentivados a acreditar que alcançarão o sucesso financeiro rapidamente, mas a realidade é bem diferente. O foco, tanto dos corretores quanto das imobiliárias e construtoras, está invariavelmente voltado para o bolso do cliente.

MAS O VENDEDOR TEM QUE OLHAR PARA ONDE?

— questiona Gonzalito

Ao observar mais de perto as práticas nesse mercado, fica evidente que a busca pelo lucro muitas vezes supera os valores e princípios éticos. Em um treinamento para corretores que participamos, um gerente chegou a recomendar que os profissionais fumassem charutos para se conectar com clientes de alto poder aquisitivo. A lógica era simples: pessoas ricas fumam charutos, logo, para ganhar a confiança delas, o corretor deveria fazer o mesmo. Essa abordagem não só revela uma falta de autenticidade, mas também uma desconexão total com o verdadeiro papel de um corretor: entender e atender às necessidades de seus clientes.

AH, PRECISO FICAR ATENTO AO QUE MEU CLIENTE QUER E PRECISA.

— constata Gonzalito.

Minha esposa, ao entrar nesse mercado, deparou-se com práticas ainda mais preocupantes. Desde a compra de listas de contatos de agentes da Receita Federal para identificar potenciais clientes ricos até a utilização de listas de e-mails e telefones para campanhas de spam e telemarketing, o que ela viu foi um ambiente onde as regras são frequentemente ignoradas. Em um caso específico, uma gerente afirmou categoricamente que "você não pode ser amigo do seu cliente". Isso foi dito após um incidente em que um cliente desistiu de alugar um apartamento, e minha esposa, respeitando a decisão do cliente, foi criticada por não insistir agressivamente na negociação.

Essa mentalidade de enxergar o cliente apenas como uma fonte de lucro é o que perpetua um ciclo vicioso no mercado imobiliário. Corretores em modelo de contratação PJ, mas com um regime de trabalho que se assemelha ao CLT, sendo obrigados a cumprir plantões exaustivos de segunda a segunda e a realizar ligações incessantes. Quem não se adapta a essa dinâmica é rapidamente excluído.

Além disso, a prática comum no Brasil de não trabalhar com exclusividade de imóveis agrava ainda mais a situação. Proprietários acreditam que, ao listar seus imóveis com o maior número possível de imobiliárias, aumentarão suas chances de vender ou alugar rapidamente. No entanto, isso desincentiva o corretor de investir na divulgação do imóvel, já que ele pode ser vendido por outra imobiliária a qualquer momento. Nos Estados Unidos, por exemplo, a exclusividade é bem estabelecida, o que gera melhores resultados para todas as partes envolvidas.

Esse capítulo destaca como o mercado imobiliário brasileiro vai contra muitas das práticas saudáveis e eficazes de vendas que discutimos ao longo deste livro. No entanto, ele também oferece uma grande oportunidade para quem está nesse mercado: a chance de fazer diferente.

Se você é um profissional do mercado imobiliário, pode transformar essa realidade ao focar genuinamente nas necessidades dos seus clientes, sejam eles compradores ou vendedores. Ao colocar os interesses dos clientes em primeiro lugar, você pode quebrar o ciclo vicioso e contribuir para a criação de um mercado mais virtuoso. Afinal, o verdadeiro sucesso nas vendas vem de um compromisso sincero com a satisfação do cliente, e não apenas com o fechamento de negócios a qualquer custo.

ORIENTAÇÕES PRÁTICAS:

- **Priorize a ética e os valores em suas negociações:** Nunca deixe que a busca pelo lucro comprometa seus princípios. Clientes percebem quando um corretor está mais interessado no bolso deles do que em suas reais necessidades. Mantenha a integridade como seu diferencial.
- **Entenda as necessidades do cliente:** Em vez de seguir fórmulas genéricas para se conectar com clientes, invista tempo em compreender o que cada cliente realmente precisa. Seja um consultor, não apenas um vendedor. O sucesso virá quando você focar em oferecer soluções personalizadas.
- **Cultive relacionamentos de longo prazo com clientes:** Em vez de buscar apenas o fechamento rápido de negócios, invista em construir relações de confiança com seus clientes. Consumidores que se sentem valorizados e compreendidos têm mais chances de voltar a fazer negócios com você no futuro e a recomendar seus serviços para outros. Aposte na fidelização como uma estratégia para diferenciá-lo no mercado.

PARA REFLETIR:

Você está realmente comprometido em entender e atender as necessidades de seus clientes, ou está seguindo o fluxo de um mercado que muitas vezes coloca o lucro acima de tudo?

EXERCÍCIO PRÁTICO:

Dedique-se a uma conversa aprofundada com um cliente, focando exclusivamente em entender suas preocupações. Não mencione valores ou propostas comerciais até que você tenha uma compreensão clara do que ele realmente precisa. Ao final dessa conversa, reflita sobre como essa abordagem afetou sua relação com o cliente e o que você pode aprender com essa experiência para aplicar em futuras negociações.

QUAL PILAR FOI MAIS EVIDENTE?

☐ CONECTAR ☐ ESCUTAR ☐ NEGOCIAR

QUAIS OS PONTOS DE OURO QUE VOCÊ PÔDE IDENTIFICAR?

____

____

____

____

____

CAPÍTULO DEZESSEIS

NÃO SEJA CHATO

"Vendedores que escutam os clientes com atenção e depois lhes fornecem os ingredientes que faltam – esses são os que se destacam."

DEB CALVERT

SER UM VENDEDOR EFICAZ significa caminhar na linha tênue entre ser persuasivo e ser invasivo. A chave para o sucesso não reside na quantidade de palavras ditas, mas na qualidade da conexão estabelecida com o cliente. Um vendedor chato é frequentemente alguém que fala mais do que ouve, insistindo excessivamente sem perceber os sinais dados pelo cliente.

TEM UNS VENDEDORES DE SHOPPING QUE SÃO ASSIM. FICAM ATRÁS DE VOCÊ, NÃO DÃO UM ESPAÇO.

— comenta Gonzalito.

A IMPORTÂNCIA DA ESCUTA E DA EMPATIA

A escuta ativa é fundamental. Ao ouvir genuinamente o que o cliente tem a dizer, você não só ganha sua confiança, mas também adquire informações valiosas que podem guiar sua abordagem de venda para satisfazer suas necessidades específicas.

ORIENTAÇÕES PARA VENDAS AGRADÁVEIS:

- **Equilibre fala e escuta:** Priorize entender as necessidades do cliente antes de apresentar seu produto. Faça perguntas abertas que encorajem o cliente a expressar suas verdadeiras necessidades e preferências.
- **Sensibilidade aos sinais:** Aprenda a ler os sinais não verbais dos clientes. Se eles parecem desinteressados ou impacientes, talvez seja hora de mudar sua abordagem ou dar-lhes espaço.
- **Humor natural:** O humor pode ser uma excelente ferramenta para quebrar o gelo e construir *rapport*, mas deve surgir naturalmente na conversa. Evite piadas forçadas ou que possam ressoar mal com cada cliente individualmente.

A TRANSFORMAÇÃO DE UM VENDEDOR

Imagine um vendedor que inicialmente seguia o *script* de vendas ao pé da letra, falando incessantemente sobre as características do produto sem perceber a crescente frustração do cliente. Após um feedback construtivo, ele aprendeu a valorizar a escuta ativa, adaptando sua abordagem para se concentrar mais nas necessidades do cliente do que na lista de benefícios do produto. A transformação foi notável - os clientes começaram a procurá-lo, apreciando sua nova abordagem que equilibrava informação, empatia e um toque de humor genuíno.

PARA REFLETIR:

Você já se sentiu sobrecarregado por um vendedor insistente? Como essa experiência influencia a forma como você se apresenta aos seus clientes?

EXERCÍCIO PRÁTICO:

Concentre-se em ouvir mais do que falar em cada interação de venda. Anote as reações dos clientes e como a conversa flui. Por fim, reflita sobre como essa mudança de foco afetou suas vendas e a satisfação dos clientes.

QUAL PILAR FOI MAIS EVIDENTE?

☐ CONECTAR ☐ ESCUTAR ☐ NEGOCIAR

QUAIS OS PONTOS DE OURO QUE VOCÊ PÔDE IDENTIFICAR?

____

____

____

____

____

CAPÍTULO DEZESSETE

CATIVANDO CORAÇÕES

"Não procure clientes para os seus produtos.
Encontre produtos para os seus clientes."
SETH GODIN

A VENDA CATIVANTE TRANSCENDE o ato de simplesmente vender produtos ou serviços; é uma arte de criar conexões profundas e significativas com os clientes, reconhecendo suas necessidades únicas e anseios. No mundo acelerado de hoje, onde as transações podem ser impessoais e superficiais, a capacidade de cativar e valorizar cada cliente se destaca como um diferencial crucial para o sucesso.

SEMPRE TENHO A IMPRESSÃO QUE OS VENDEDORES ESTÃO APENAS OLHANDO O MEU BOLSO!

— revolta-se Gonzalito.

CONHECIMENTO PROFUNDO: PRODUTO, SERVIÇO E CLIENTE

A base para uma venda cativante reside no conhecimento profundo de três aspectos essenciais: o produto ou serviço que você oferece, as necessidades e desejos do seu cliente, e a capacidade de conectar os dois de maneira significativa.

ORIENTAÇÕES PARA CATIVAR CLIENTES:

- **Escuta ativa e empatia:** Dedique tempo para realmente ouvir o que seus clientes têm a dizer, entendendo suas histórias e o que valorizam. Esta escuta ativa é a base para criar uma experiência de compra personalizada e cativante.
- **Personalização:** Use o conhecimento adquirido sobre seus clientes para personalizar suas recomendações. A personalização mostra que você vê o cliente como um indivíduo, não apenas como outra venda.
- **Crie experiências memoráveis:** Vá além do esperado. Pequenos gestos, como um acompanhamento pós-venda ou uma nota personalizada, podem transformar uma compra comum em uma experiência inesquecível.

TRANSFORMANDO CLIENTES EM DEFENSORES DA MARCA

Imagine um cliente procurando um presente especial. O vendedor, ao invés de apontar diretamente para os itens mais caros ou em promoção, faz perguntas para entender o relacionamento do cliente com a pessoa que receberá o presente, seus interesses e gostos. Com essas informações, o vendedor sugere uma opção que não só surpreende e encanta o cliente, mas também toca o coração do destinatário do presente. Essa abordagem transforma uma simples venda em uma história que o cliente vai querer compartilhar.

PARA REFLETIR:

Pense em uma experiência de compra que o fez sentir realmente valorizado. O que fez essa experiência se destacar?

EXERCÍCIO PRÁTICO:

Na próxima interação com um cliente, concentre-se em aplicar as três orientações acima. Depois, reflita: como a experiência do cliente foi diferente? Houve um aumento na satisfação ou na lealdade do cliente?

QUAL PILAR FOI MAIS EVIDENTE?

☐ CONECTAR ☐ ESCUTAR ☐ NEGOCIAR

QUAIS OS PONTOS DE OURO QUE VOCÊ PÔDE IDENTIFICAR?

CAPÍTULO DEZOITO

PAPÉIS DO CLIENTE

"Às vezes é preciso lutar a mesma batalha
mais de uma vez para vencê-la."
MARGARET THATCHER

SE VOCÊ JÁ ESTUDOU SOBRE VENDAS, é possível que tenha se deparado com o conceito dos papéis do cliente. Philip Kotler, renomado especialista em marketing, identifica cinco papéis desempenhados pelos clientes no processo de compra. É importante entendermos eles para sabermos com quem estamos lidando durante a venda. Vamos relembrar quais são eles?

- **Iniciador:** A pessoa que primeiro sugere a ideia de comprar um produto ou serviço.
- **Influenciador:** A pessoa cujas opiniões ou conselhos influenciam a decisão de compra.
- **Decisor:** A pessoa que decide se deve ou não comprar o produto ou serviço, assim como o que comprar, como comprar e onde comprar.
- **Comprador:** A pessoa que efetivamente realiza a compra.
- **Usuário:** A pessoa que consome ou usa o produto ou serviço.

Esses papéis podem ser desempenhados por diferentes indivíduos ou pela mesma pessoa, dependendo da situação de compra. Vamos ver um exemplo?

COMPRA DE UM NOVO CARRO

- **Iniciador:** Davi, o filho que acaba de fazer 18 anos e está em processo de tirar sua carteira de motorista, começa a falar sobre a necessidade de um carro novo. Ele menciona que o carro atual da família está ficando velho e que vai começar a dar despesas. Para evitar custos desnecessários seria ótimo ter um veículo mais moderno e seguro para a família.

> QUE BOBAGEM! ELE QUER CHAMAR A ATENÇÃO DAS PESSOAS! SERÁ QUE VÃO CAIR NO CONTO DELE?

— questiona Gonzalito.

- **Influenciador:** Helena, a mãe, começa a fazer pesquisas online e consulta amigos sobre diferentes modelos de carros. Ela lê resenhas, verifica as especificações técnicas e compartilha suas descobertas com a família. Sua opinião sobre segurança, economia de combustível e conforto influencia a decisão.
- **Decisor:** Carlos, o pai, considera todas as informações fornecidas por Helena e os desejos expressos por João. Ele avalia as finanças da família e decide que é viável comprar um novo carro. Carlos escolhe a marca, o modelo e as características do carro que melhor atendem às necessidades da família.
- **Comprador:** Ana, a irmã mais velha, é formada em direito, trabalha em um escritório focado em direito do consumidor. Carlos delega para a filha a missão de ir até a concessionária para fechar o

negócio. Ela negocia o preço, discute as opções de financiamento e faz o pagamento. Ana cuida de todos os detalhes administrativos, transação financeira e contrato.

- **Usuário:** Toda a família usará o carro novo, mas principalmente Davi e Carlos. Davi usará o carro para ir à faculdade no período da noite, enquanto Carlos o utilizará para o trabalho e viagens em família. Ambos serão os principais usuários, mas o carro será para o benefício de todos.

Saber quem desempenha cada papel permite uma comunicação mais clara e direcionada. Por exemplo, comunicados técnicos detalhados podem ser direcionados aos influenciadores, como vimos no caso da Helena, a mãe da família, enquanto mensagens emocionais podem ser mais eficazes para iniciadores, o filho Davi, por exemplo.

Entender os diferentes papéis facilita a construção de relacionamentos duradouros com todos os envolvidos no processo de compra. Mas dentro dessa identificação feita pelo Philip Kotler, tem um papel de cliente faltando. Estou falando do **detrator.**

QUEM É O DETRATOR?

O detrator é a pessoa que desqualifica a compra do produto ou a contratação do serviço, podendo desvalorizar a sua importância ou a da empresa fornecedora. É crucial identificar esse papel, pois o detrator pode causar obstáculos significativos no processo de compra, tanto durante quanto após a venda. Eles são críticos e céticos, podendo influenciar negativamente outros envolvidos na decisão.

E QUEM SERIA O DETRATOR DENTRO DA HISTÓRIA DA FAMÍLIA QUE VAI COMPRAR O CARRO NOVO?

— pergunta Gonzalito.

O detrator é o Gael, o filho do meio da família.

Gael está terminando a faculdade de engenharia. Sempre foi muito independente, mais pragmático e cheio de razão. Ele tem o carro dele. Começou a trabalhar com 15 anos para conquistar sua independência e fazer as coisas sem precisar do dinheiro dos pais. E ele conhece muito bem o irmão Davi.

Davi, por ser o mais novo, acaba sendo o mais mimado. E ele gosta de aparecer. Sempre procura ter o tênis do momento, roupas novas... e no entendimento do Gael, o carro não é diferente. É só uma outra coisa para os pais gastarem para o filhozinho se exibir para os amigos.

EU SABIA!!!

— se exalta Gonzalito.

REAÇÃO DO GAEL

Gael pode ter as seguintes reações e comportamentos durante o processo de compra do carro:

- **Questionamento:** Gael questiona a necessidade de comprar um carro novo, argumentando que o carro atual ainda é funcional e que o dinheiro poderia ser melhor investido em outra coisa.
- **Desvalorização:** Ele desvaloriza a importância do novo carro, dizendo que é apenas um capricho de Davi para se exibir aos amigos.
- **Ceticismo:** Gael pode ser cético em relação às vantagens apresentadas pela mãe e pelo pai, destacando os custos e os problemas potenciais do novo carro.
- **Críticas:** Ele pode criticar abertamente a decisão da família, tanto durante as discussões quanto após a compra, criando um ambiente de tensão.
- **Influência negativa:** Gael tenta influenciar outros membros da família a reconsiderarem a compra, apontando que Davi está apenas querendo um carro novo por razões superficiais.

ORIENTAÇÕES PRÁTICAS:

- **Prevenção de conflitos:** Identificar o quanto antes quem é o detrator ajudará a prevenir e gerenciar conflitos durante o processo de compra, facilitando uma comunicação mais eficaz e a busca por consenso.
- **Estratégias de convencimento:** Saber quem é o detrator permite criar estratégias específicas para abordar suas preocupações e tentar convencê-lo dos benefícios da compra. Inclusive se preparar para as objeções.
- **Gestão de expectativas:** Ajuda a gerenciar as expectativas de todos os envolvidos, garantindo que todos os pontos de vista sejam considerados e respeitados.
- **Pós-venda:** No pós-venda, entender o papel do detrator pode ajudar a mitigar críticas e melhorar a experiência geral do cliente, garantindo que o detrator não influencie negativamente a percepção do produto ou serviço. Ou pelo menos, que você tente minimizar essa influência tendo as respostas certas para as rejeições.

PARA REFLETIR:

Como a presença de um detrator pode influenciar o processo de compra e a dinâmica de decisão dentro de um grupo? Você já teve algum detrator em alguma situação de venda e que não conseguiu identificá-lo?

EXERCÍCIO PRÁTICO:

O exercício a seguir tem como objetivo te ajudar na identificação de um detrator. Vamos lá? Lembre-se de algum detrator que já cruzou a sua vida. Pensa nas situações que passou com essa pessoa e tente conectar com as situações abaixo que normalmente caracterizam os detratores. Detratores apresentam:

RESISTÊNCIA À MUDANÇA:

- Demonstram uma forte preferência pelo status quo e resistem a novas ideias ou produtos.
- Questionam a necessidade de mudança e enfatizam os benefícios das soluções atuais.

CRITICISMO CONSISTENTE:

- São consistentemente críticos em relação a novos produtos ou serviços.
- Tendem a encontrar falhas ou problemas potenciais em quase todas as propostas.

CETICISMO EXCESSIVO:

- Exibem ceticismo em relação às promessas e benefícios apresentados pelos vendedores.
- Dúvidas sobre a capacidade da empresa ou do produto de cumprir as expectativas.

FOCO EM CUSTOS:

- Colocam uma ênfase desproporcional nos custos, mesmo quando os benefícios superam claramente os gastos.
- Questionam a viabilidade financeira da compra repetidamente.

PREOCUPAÇÕES COM IMPACTO PESSOAL:

- Demonstram preocupações sobre como a compra pode afetar sua posição ou responsabilidades pessoais.
- Temem mudanças que possam impactar seu trabalho ou status dentro da organização.

CONCLUSÃO

Entender e gerenciar os diferentes papéis dos clientes no processo de compra, especialmente o papel do detrator, é crucial para tomar decisões informadas e consensuais. Este exercício prático ajudará a desenvolver uma abordagem mais estratégica e empática, facilitando um processo de compra mais harmonioso e eficaz.

QUAL PILAR FOI MAIS EVIDENTE?

☐ CONECTAR ☐ ESCUTAR ☐ NEGOCIAR

QUAIS OS PONTOS DE OURO QUE VOCÊ PÔDE IDENTIFICAR?

____

____

____

____

CAPÍTULO DEZENOVE

A PERGUNTA PROIBIDA

"Vendas não se fecham, vendas devem ser abertas."
RAFAEL RÉGIS SOMERA

VOCÊ SABE QUAL A PIOR PERGUNTA que você pode fazer para um cliente?

SÓ TEM UMA?

— pergunta o irritadinho.

Claro que existem vários tipos de perguntas que devem ser evitadas ou ser colocadas de maneira diferente. Vamos passar por algumas:

"VOCÊ TEM DINHEIRO PARA ISSO?"

Essa pergunta é muito ofensiva. Ela já vem com um prejulgamento. Alguma coisa despertou em você o sentimento de que a pessoa não pode custear o seu produto ou serviço. Não importa qual seja a sua razão, nunca pergunte ou dê a entender que o cliente não pode pagar. Atenda todos da melhor maneira possível. Cabe ao seu cliente saber se deve ou não fazer tal investimento.

UÉ?! E COMO EU FAÇO PARA SABER QUANTO O CLIENTE TEM DE $$$? EM MUITOS CASOS É EXTREMAMENTE IMPORTANTE O VENDEDOR SABER DISSO.

— questiona Gonzalito.

Veja bem, para saber quanto o cliente tem de dinheiro, só olhando a conta bancária. Mas entendo que você quer saber quanto o cliente dispõe de dinheiro para a compra. Que tal então perguntar: **"Quanto você pretende investir nisso?"**. Não ficou melhor?

"VOCÊ LEU AS INFORMAÇÕES NO SITE?"

Você está sendo rude e impaciente, sugerindo que o cliente está fazendo perder seu tempo, já que as informações estão no site. Sim, é verdade que as pessoas não leem, mas isso não te dá o direito de ser ignorante.

É VERDADE TAMBÉM, QUE QUANDO EU DIVULGO UM EVENTO NA INTERNET E NA IMAGEM EU COLOCO ENDEREÇO, DATA E HORÁRIO, AS PESSOAS ME PERGUNTAM: ONDE É? COMEÇA QUE HORAS? QUE DIA?

— complementa o nosso impaciente amigo.

Pense pelo lado positivo da situação: o cliente está recorrendo a você pois confia na sua pessoa. Isso traz mais oportunidades de estar sempre próximo do cliente.

"TEM CERTEZA DE QUE VOCÊ PRECISA DISSO?"

Questionar a necessidade do seu cliente pode ser interpretado como desrespeito ou que você não entendeu suas demandas. Se por acaso, você identificar que o seu produto ou serviço não irá satisfazer o seu cliente, vá por outro caminho: "Deixe ver se eu entendi direito: você deseja...". De acordo com a resposta que receber você pode dizer o seguinte: "Pela minha experiência, esse produto/serviço não irá trazer o resultado que você precisa. Minha sugestão é...". Percebe como soa melhor? Você demonstra real interesse no que o cliente precisa.

"POR QUE VOCÊ ESTÁ RECLAMANDO DISSO SÓ AGORA?"

Nesse momento, você se colocou na defensiva, onde está desconsiderando a preocupação do cliente. Entenda que alguma coisa está deixando seu cliente aflito e isso é legítimo. O seu papel também é de tranquilizar e ser um mensageiro de soluções. Ouça o que seu cliente tem a dizer. Ofereça algumas respostas e caso não seja da sua alçada, diga que vai levar para o responsável ou então consultar alguns colegas mas que em breve já terá uma posição. E se você disser "em breve", que seja breve mesmo.

"VOCÊ NÃO LEU O CONTRATO?"

Agora você está acusando o cliente por não estar ciente de detalhes. Vamos lá, antes de você partir para esse lado, seja sincero, qual foi a última vez que você leu as condições de uso e termos de uma plataforma que você fez cadastro? E se leu, você compreendeu todos os detalhes? Normalmente os contratos possuem uma linguagem técnica, dificultando seu entendimento. Esteja disponível para esclarecer todos os questionamentos do seu cliente. Afinal de contas, você gostaria de ser recebido com essa pergunta?

Bem, você já passou por alguma situação onde foi questionado por alguma dessas perguntas? Pode ser que não. Mas se foi, você deve se recordar bem do ocorrido e sabe que não foi agradável. Mas aí vem uma pergunta que quase todos os vendedores fazem, cometendo sempre o mesmo erro. E olha que nem é uma pergunta que incomoda ou que "dói" quanto as anteriores. Quer saber que pergunta é essa?

SIM! TÁ ENROLANDO MUITO!

— se irrita Gonzalito.

"VOCÊ TEM ALGUMA DÚVIDA?"

Se você nunca fez essa pergunta a um cliente ou então se nunca nenhum vendedor te perguntou isso... então você é um caso muito raro no mundo.

DE ONDE É ESSA PESSOA? MARTE?

— brinca Gonzalito.

É muito comum após o vendedor passar informações sobre um produto ou serviço perguntar logo em seguida: "Ficou alguma dúvida?".

> E POR QUE É ERRADO EU PERGUNTAR ISSO? ESTOU SENDO SOLÍCITO. QUERO AJUDAR A ESCLARECER TODAS AS DÚVIDAS QUE O CLIENTE TIVER. NÃO ERA PARA EU TER INTERESSE NO CLIENTE?

— indaga o empenhado vendedor.

De fato, pode parecer isso. Mas qual o grande problema dessa pergunta? É que 99,9%...

> ACHO QUE VOCÊ EXAGEROU NESSE NÚMERO.

— Gonzalito está impossível.

Voltando... É que 99,9% dos clientes vão responder: "Não. Não tenho nenhuma dúvida". Se você já foi professor ou então aluno, assim como eu, sabe que na sala de aula é a mesma coisa. O professor explica um monte de coisa e no final ele pergunta: Alguém tem alguma dúvida? Quantos alunos você lembra que levantavam a mão ou diziam que tinham dúvidas?

"Eu não tenho dúvidas, não sou burro." - Essa é a resposta na mente da pessoa. Tanto aluno, quanto cliente.

A sala de aula já nos traz essa insegurança. Vergonha de perguntar, do que os outros alunos vão pensar ou que vão rir. E o cliente, que também passou pela escola, traz essa bagagem com ele até hoje.

Então qual vai ser a resposta do seu cliente quando você perguntar se ele tem alguma dúvida? Viu como é ineficiente?

> CERTO ESPERTÃO. ENTÃO COMO FAÇO PARA SABER SE O CLIENTE TEM ALGUMA DÚVIDA? AFINAL, ELE NÃO PODE IR EMBORA SEM RESOLVER ISSO. PODE SER QUE EU PERCA A VENDA.
>
> — Gonzalito não deixar passar uma, hein...

Tome a responsabilidade para si. Veja alguns exemplos:

- Tem alguma informação que eu não consegui ser claro?
- Posso te ajudar com mais informações?
- Fiquei te devendo alguma informação?
- Eu consegui ser claro?
- Existe algo que eu possa esclarecer melhor?
- Há algum ponto que você gostaria que eu detalhasse mais?
- Essas informações que compartilhei te ajudaram?

Percebeu a diferença? A maneira como você faz perguntas para o cliente farão com que ele se abra mais e assim conhecer e obter mais informações. Quando você assume a responsabilidade pela clareza da comunicação, demonstra respeito e interesse genuíno pelo entendimento do cliente. Isso cria um ambiente mais aberto e acolhedor, onde o cliente se sente confortável para expressar suas dúvidas e preocupações.

Assim, você não apenas esclarece possíveis mal-entendidos, mas também fortalece a confiança e o relacionamento com o cliente. Lembre-se, uma venda bem-sucedida não se baseia apenas em fornecer informações, mas em criar um diálogo significativo e produtivo. Ao

ajustar suas perguntas e abordagem, você eleva a qualidade do atendimento e aumenta suas chances de sucesso nas vendas.

ORIENTAÇÕES PRÁTICAS:

- **Evite perguntas ofensivas:** Nunca faça perguntas que possam parecer julgamentos, como "Você tem dinheiro para isso?". Em vez disso, atenda todos os clientes da melhor maneira possível e deixe que eles decidam sobre seus próprios investimentos.
- **Mostre interesse genuíno:** Questione com empatia e clareza. Ao invés de perguntar "Você tem certeza de que precisa disso?", reformule para mostrar que você está realmente interessado nas necessidades do cliente, como "Deixe-me ver se eu entendi direito: você deseja...".
- **Assuma a responsabilidade pela comunicação:** Não coloque a culpa no cliente por falta de entendimento. Em vez de perguntar "Você não leu o contrato?", ofereça-se para esclarecer os pontos, perguntando "Tem alguma informação que eu não consegui ser claro?".

PARA REFLETIR:

Você já se perguntou como as suas perguntas podem impactar a percepção do cliente sobre você e sua empresa?

EXERCÍCIO PRÁTICO:

De agora em diante, em todas as suas interações com clientes, substitua a pergunta "Você tem alguma dúvida?" por uma das seguintes: "Tem alguma informação que eu não consegui ser claro?", "Posso te ajudar com mais informações?" ou "Há algum ponto que você gostaria que eu detalhasse mais?". Observe as respostas e anote as diferenças na qualidade das interações e no nível de satisfação dos clientes.

QUAL PILAR FOI MAIS EVIDENTE?

☐ CONECTAR ☐ ESCUTAR ☐ NEGOCIAR

QUAIS OS PONTOS DE OURO QUE VOCÊ PÔDE IDENTIFICAR?

___

___

___

___

___

CAPÍTULO VINTE

BOAS EXPERIÊNCIAS DE COMPRA

"Confie nos seus pressentimentos. Eles normalmente são baseados em fatos arquivados abaixo do nível da consciência."

DRA. JOYCE BROTHERS

NAVEGAR PELO MUNDO DAS VENDAS é uma jornada repleta de descobertas, e uma das lições mais valiosas que podemos aprender vem das experiências de compra que nos marcaram. Essas memórias não são apenas lembranças agradáveis; elas são cápsulas de sabedoria, destacando o que realmente importa para os clientes. Ao refletir sobre esses momentos, podemos extrair princípios fundamentais que transformam vendas comuns em experiências extraordinárias de compra.

Vou compartilhar quatro boas experiências que tive para te estimular a lembrar das suas:

VAI UMA GRAXINHA AÍ?

Havia um sapato que eu possuía, novo em folha, que infelizmente sofreu um arranhão em uma das minhas caminhadas. Decidi visitar a loja

Di Pollini no Shopping Ibirapuera para ver se encontrava solução. Lá, fui prontamente atendido por um vendedor extremamente atencioso. Ao mencionar o problema do arranhão, ele sugeriu que uma aplicação de graxa poderia resolver. Enquanto eu me informava sobre qual graxa e escova utilizar, ele gentilmente se ofereceu para cuidar do sapato. Com escova e graxa em mãos, ele magicamente fez o arranhão desaparecer. Fiquei maravilhado com a eficiência e gratidão, pois o sapato era tão novo que o arranhão me desencorajava a usá-lo. A experiência se tornou ainda mais especial quando, ao retornar à loja algum tempo depois, o vendedor me reconheceu. Essa atenção ao cliente certamente me fidelizou.

CUIDADO COM ESSE FACÃO

Minhas caminhadas no entorno do Museu do Ipiranga frequentemente me levam à barraca de coco de Gilmar e Michelle, um casal que trabalha junto e pelo qual acabei nutrindo uma grande amizade. Paro sempre por uns cinco minutos para uma conversa amigável e uma refrescante água de coco antes de retomar minha jornada. O que realmente valorizo nessas visitas, além da bebida, é a conversa. Gilmar e Michelle sabem meu nome, assim como eu sei os deles, e sempre há espaço para risadas, especialmente quando minha esposa Anne nos acompanha, brincando sobre como ela "não está realmente caminhando". Essas interações humanas transformam transações comerciais em relações de amizade. E sempre brinco com eles: cuidado com esse facão aí!

QUEM NÃO DEVE NÃO TEME!

- Diz o desconfiado Gonzalito.

SOTAQUE PORTUGUÊS

Minha esposa e eu decidimos experimentar um pastel de nata em uma quituteria próxima de casa, a ESTOU, e logo percebemos o sotaque distinto do atendente – era um sotaque português autêntico. Ao expressar nosso amor por Portugal, a conversa fluiu naturalmente, e o sabor do pastel nos transportou diretamente para lá. Durante nossa visita, a esposa do português, Wivy, juntou-se a nós e compartilhou a encantadora história de como ela e Fábio, o português, se conheceram, casaram e decidiram empreender no Brasil. Sua jornada nos cativou profundamente, transformando-nos em clientes leais, seduzidos tanto pela gastronomia quanto pelas conexões humanas. Aliás, eu os entrevistei no meu canal. Confere lá!

O ALL STAR QUE NUNCA USEI

Apesar da abundância de lojas de tênis e da conveniência de comprar online, uma visita à Tennis Station no Shopping Paulista provou ser inesquecível. Fomos recebidos por Fabi, cuja simpatia, dinamismo e atenção ao cliente se destacaram. Ela mostrou-se genuinamente preocupada em encontrar o tênis perfeito para nós, sem pressionar por vendas desnecessárias. Sua habilidade em entender nossas preferências nos impressionou tanto que acabamos comprando diversos pares de tênis, incluindo meu primeiro All Star. Eu nunca usei All Star, apesar da insistência da minha esposa que é fã da marca. A experiência

na Tennis Station redefiniu o que esperamos de um atendimento ao cliente, marcando o início de uma nova preferência por esta marca icônica. Olha que interessante, a boa vendedora Fabi, impactou duas marcas: a Tennis Station e a Converse (All Star).

PARA REFLETIR:

Pense em uma experiência de compra que te marcou. O que exatamente tornou essa experiência especial? Agora, reflita sobre como você pode incorporar esses elementos em suas próprias vendas.

EXERCÍCIO PRÁTICO:

Na próxima interação com um cliente, tente implementar uma das lições aprendidas com suas próprias experiências de compra marcantes. Após a venda, faça anotações sobre como a interação ocorreu, o que funcionou bem e o que pode ser melhorado. Use isso como um ciclo de feedback contínuo para aprimorar suas técnicas de vendas.

QUAL PILAR FOI MAIS EVIDENTE?

☐ CONECTAR ☐ ESCUTAR ☐ NEGOCIAR

QUAIS OS PONTOS DE OURO QUE VOCÊ PÔDE IDENTIFICAR?

____

____

____

____

____

CAPÍTULO VINTE E UM

BOAS EXPERIÊNCIAS DE VENDA

"Sorte é estar pronto quando a oportunidade vem."

Oprah Winfrey

ASSIM COMO COMPARTILHEI experiências de boas compras, vou compartilhar exemplos de boas experiências de venda.

O CONCORRENTE É MAIS BARATO

Esse evento ocorreu por volta de 2010, enquanto eu era sócio de uma produtora multimídia. O cliente que nos procurou era um marketplace de veículos pesados: caminhões, tratores, máquinas agrícolas. Fui até a empresa a pedido dele, pois gostaria que fizéssemos uma série de vídeos para ensinar como sua plataforma funcionava e como o usuário deveria usá-la. Conhecemos a empresa, conversamos, explicamos como trabalhávamos, o processo de produção e fomos embora. No dia seguinte, enviei o orçamento conforme o *briefing* da reunião. Acho que se passaram uns dois dias e ele nos enviou um e-mail dizendo que três outras empresas tinham um orçamento bem abaixo do nosso. Ele não nos forneceu os valores nem o orçamento, mas mencionou o nome das empresas. Como já conhecíamos o mercado, sabíamos quem eram nossos concorrentes e também a média dos preços. Minha resposta foi: "Feche com a empresa tal, o perfil é mais parecido com o da sua empresa." Eu fiz a recomendação do concorrente. Sabe o que aconteceu? Dois dias depois ele retornou, fechando conosco.

NÃO COMECE A ACADEMIA

Eu tinha uma apresentação em uma grande montadora de veículos em São Bernardo do Campo. Ia lá para mostrar uma proposta de um serviço que eles haviam solicitado. Acontece que, um dia antes, resolvi começar a fazer academia. Já consegue imaginar o que aconteceu? No dia da apresentação, acordei todo dolorido. Minha resposta a isso foi aproveitar a situação para criar empatia. Cheguei na montadora e havia cerca de quatro empresas para se apresentarem em uma concorrência, o que eu detesto. Acho um modelo arcaico de contratação, coisa do século passado, quase uma licitação. Quando chegou minha vez de apresentar, haviam três pessoas na sala. A primeira coisa que eu disse foi: "Olha, não comecem a academia um dia antes de uma grande apresentação." Eles me olharam confusos e eu expliquei: "Eu fiz isso. E agora estou todo dolorido." Todos riram e, a partir daí, começaram a interagir com minha apresentação. Alguns dias depois, uma das pessoas da empresa me ligou e disse: "Fernando, a empresa de vocês não foi a escolhida para esse serviço. Mas gostamos tanto da sua apresentação que estamos te indicando para outro departamento aqui da empresa, tudo bem?" Resultado: não fechamos aquele, mas fechamos outro.

PARA REFLETIR:

Pense em uma experiência de venda que te marcou. O que exatamente tornou essa experiência especial? Agora, reflita sobre como você pode incorporar esses elementos em suas vendas atuais.

EI, ESSA REFLEXÃO É IGUAL À DO CAPÍTULO ANTERIOR!

- Diz indignado Gonzalito.

EXERCÍCIO PRÁTICO:

Faça um roteiro das suas vendas bem-sucedidas. Escreva. Com isso, aprenda quais foram os elementos de sucesso para cada uma delas e esteja sempre preparado para a próxima venda.

QUAL PILAR FOI MAIS EVIDENTE?

☐ CONECTAR ☐ ESCUTAR ☐ NEGOCIAR

QUAIS OS PONTOS DE OURO QUE VOCÊ PÔDE IDENTIFICAR?

____

____

____

____

____

CAPÍTULO VINTE E DOIS

VENDEDORES DE PLANTÃO

"A aventura por si só já vale a pena."
AMELIA EARHART

A PARTIR DESSE PONTO de "Vendas para quem tem pressa", entramos em uma seção inspiradora e elucidativa: "Vendedores de plantão". É uma compilação de depoimentos de executivos, empreendedores e empresários, que compartilham histórias pessoais sobre suas experiências mais marcantes no universo das vendas. Cada narrativa não apenas ilumina os caminhos percorridos por esses profissionais, mas após ler e refletir sobre cada testemunho, pude criar algumas notas pessoais com pontos de orientação, uma reflexão e um exercício prático.

Contribuíram com suas histórias: Annelise Gonzalis, Antônio Carlos Nasraui, Arnaldo Berger, Chicko Souza, Érica Ruiz, Fabio Davidovici, Fabio Madia, Horácio Antônio de Moura, Ivan Alatxeve, Jederson Beck, Jeferson Beck, Juscelino Brasílio Gonzalis, Lucas Infante, Luiz Bernardino Neto, Maurício Annibal, Mekler Nunes, Nilo Frateschi Jr., Nilo Rondelli, Paschoal Del Matto Filho, Paulo Bernardino, Paulo Ferreira, Ricardo Côrte Real, Roberto Mangraviti, Sandra Campos, Shailon Ian, Shirley Bernardo Faustino Barduco, Sidnei Batista, Silvio Acherboim, Tonico Novaes e Vera Figueiredo.

A ESTRUTURA DOS DEPOIMENTOS

Cada depoimento segue uma estrutura cuidadosamente planejada para maximizar o aprendizado do leitor, assim como os capítulos anteriores:

- **História de vendas:** Uma narrativa pessoal que destaca um momento significativo na carreira do depoente relacionado a vendas.
- **Três orientações:** Conselhos diretos derivados da experiência compartilhada, oferecendo estratégias aplicáveis para melhorar as habilidades de vendas.
- **Reflexão:** Uma pergunta reflexiva que incentiva o leitor a pensar profundamente sobre suas próprias práticas de vendas e como elas podem ser aprimoradas.
- **Exercício prático:** Uma atividade projetada para colocar as lições aprendidas em ação, promovendo a aplicação direta dos conceitos discutidos.
- **Pilares:** Identifique em cada história de qual pilar do **Método VEND+** ficou mais evidente.
- **Pontos de ouro:** Escreva os pontos de ouro que se destacaram.

"Vendedores de plantão" reúne uma riqueza de conhecimentos e experiências para inspirar, educar e motivar. É um convite para olhar além das vendas como uma profissão e vê-las como uma arte que requer paixão, dedicação e um desejo constante de superação.

> VOU PRESTAR BASTANTE ATENÇÃO E VOU FICAR QUIETO DURANTE AS LIÇÕES.

— afirma Gonzalito.

VENDA SOB MEDIDA

ANNELISE GONZALIS — Corretora de imóveis / Arquiteta e Design de Interiores

Quando decidi entrar de vez no mercado imobiliário, eu sabia que não queria ser só "mais uma corretora". Tenho formação em Arquitetura e Design de Interiores, e já tinha uma bagagem com clientes, projetos, prazos... mas percebi que, no mercado de vendas de imóveis, havia uma lacuna enorme no básico: escutar o cliente de verdade e personalizar o atendimento.

Antes mesmo de começar oficialmente, fiz uma espécie de "espionagem do bem". Visitei estandes de construtoras, imobiliárias, conversei com corretores... Tudo como se eu fosse cliente. E sabe o que mais me incomodou? A falta de atenção com o outro. Ninguém perguntava o que eu fazia, quais eram meus planos, meus sonhos, minhas necessidades. Alguns sequer sabiam meu nome. A gerente de uma das imobiliárias me apresentou a tabela de preços sem se apresentar. Eu pensei: "Se esse é o padrão, tem uma baita oportunidade aqui."

Logo que comecei em uma nova imobiliária, fui atender um casal em busca de um imóvel. Eles tinham três pontos claros: localização, estrutura e verba. Eu poderia ter feito como muitos fazem: disparar links de imóveis aleatórios, com preços fora da realidade, fotos desorganizadas e nenhuma personalização. Mas decidi fazer diferente — ou melhor, fazer o simples bem feito.

Organizei tudo em um único arquivo: imóveis que realmente atendiam aos critérios do casal, com informações claras, objetivas, e comentários meus sobre cada um. Nada de floreios ou "empurrões". Apenas o que fazia sentido para o momento deles.

O resultado? Os clientes adoraram. O marido disse que nunca havia recebido algo tão organizado de um corretor. E a esposa dele completou: "Os outros sempre mandam um monte de links soltos e imóveis mais caros do que dissemos que poderíamos pagar."

No fim, ele me disse algo que nunca vou esquecer:

Mesmo que eu não compre com você, já vou começar a te indicar. Porque o que você fez aqui, ninguém faz.

Dias depois, ele mandou um áudio para a dona da imobiliária elogiando meu trabalho. Disse que já tinha comprado alguns imóveis ao longo da vida, com diferentes corretores, mas nunca tinha sido atendido daquela forma.

E tudo isso aconteceu porque eu fiz uma coisa que deveria ser óbvia, mas infelizmente não é: escutei e personalizei.

NOTAS DE FERNANDO VÍTOLO:

ORIENTAÇÕES PRÁTICAS:

- **Escutar de verdade é a base de qualquer venda eficiente:** Parece simples, mas poucos fazem. Ouvir o cliente vai muito além de esperar a vez de falar — é entender o que ele precisa, deseja e espera, sem colocar seus próprios interesses na frente.
- **Faça o básico com excelência:** Organizar as informações, respeitar o orçamento e evitar exageros não é "extra". É o mínimo bem feito — e é isso que se destaca em um mar de vendedores que só querem "empurrar" uma venda.
- **Encante pela simplicidade personalizada:** Você não precisa de malabarismos. Um atendimento atencioso e feito sob medida pode gerar não só uma venda, mas algo ainda mais valioso: indicações espontâneas e reputação sólida.

PARA REFLETIR:

Você está tentando convencer o cliente ou está facilitando a vida dele?

EXERCÍCIO PRÁTICO:

Escolha um cliente que você atendeu recentemente (ou está prestes a atender). Monte uma apresentação personalizada com base no que ele realmente precisa. Nada de copiar e colar. Organize as opções de forma clara, com comentários objetivos e respeitando o perfil dele. Antes de enviar, pergunte-se:

"Se eu fosse o cliente, eu me sentiria ouvido ao receber isso?"

No fim, vender não é sobre "empurar". É sobre entregar o que faz sentido — com atenção, clareza e respeito.

QUAL PILAR FOI MAIS EVIDENTE?

☐ CONECTAR ☐ ESCUTAR ☐ NEGOCIAR

QUAIS OS PONTOS DE OURO QUE VOCÊ PÔDE IDENTIFICAR?

____

____

____

____

____

____

O MATE DO ZETTI

Antônio Carlos Nasraui — Rei do Mate

Em 1993, durante as eliminatórias para a Copa do Mundo, um jogo de futebol entre Brasil e Bolívia trouxe não apenas emoções no campo, mas também um episódio controverso fora dele. Após a partida, realizada em território boliviano, um exame antidoping identificou traços de cocaína no goleiro brasileiro Zetti. A defesa do jogador rapidamente apontou que o resultado se devia ao consumo de chá de coca, uma prática comum na Bolívia para combater os efeitos da altitude, popular até mesmo entre turistas. Com apenas traços de substância detectados, a explicação foi suficiente para sustentar a defesa de Zetti.

Esse incidente, curioso e carregado de tensão, revelou-se uma oportunidade inesperada no mundo dos negócios. Naquela época, o Rei do Mate, já conhecido por sua variedade de bebidas, oferecia entre seus produtos o Mate com Acerola, uma opção energética. Inspirado pelos acontecimentos envolvendo Zetti, enxerguei uma oportunidade única de marketing. No dia seguinte à polêmica, lancei a campanha "ZETTI: MATE, ACEROLA E GUARANÁ", promovendo o nosso mate energético com cartazes em todas as unidades do Rei do Mate.

A resposta foi imediata e impressionante. A venda do Mate com Acerola simplesmente explodiu, tornando-se uma sensação entre os consumidores. Esse episódio serve como um lembrete valioso para todos no mundo das vendas: estar atento a tudo ao seu redor pode transformar até mesmo as situações mais inusitadas em oportunidades de ouro.

Esse acontecimento destacou a importância de ser criativo e ágil no aproveitamento de eventos recentes para promover produtos ou serviços. A história do "MATE DO ZETTI" não é apenas uma anedota divertida: é um testemunho do poder de uma estratégia de marketing bem-executada, que soube capitalizar em cima de um momento de grande visibilidade, transformando uma circunstância peculiar em sucesso comercial.

NOTAS DE FERNANDO VÍTOLO:

ORIENTAÇÕES PRÁTICAS:

- **Esteja atento ao contexto recente:** Mantenha-se informado sobre os acontecimentos atuais, especialmente aqueles que capturam a atenção do público. A relevância pode transformar uma simples ideia de marketing em uma campanha de grande sucesso.
- **Agilidade e criatividade:** A capacidade de reagir rapidamente aos eventos recentes com soluções criativas é crucial. Quando algo significativo acontece, agir de forma ágil pode colocar sua marca à frente das demais, aproveitando a onda de interesse público.
- **Associe seu produto a histórias positivas:** Aproveite histórias e eventos que geram emoção e discussão para associar seu produto de maneira positiva. Isso não só aumenta a visibilidade, mas também cria uma conexão emocional com seu público.

PARA REFLETIR:

Pense em um evento recente que capturou a atenção do público. Como você poderia ter associado sua marca ou produto a esse evento de forma criativa e positiva?

EXERCÍCIO PRÁTICO:

- **Monitoramento de tendências:** Dedique uma semana para monitorar notícias, tendências nas redes sociais e eventos culturais ou esportivos. Anote aqueles que acredita terem potencial para serem vinculados à sua marca ou produto.

- ***Brainstorming* criativo:** Com base nas tendências e eventos identificados, faça uma sessão de *brainstorming* para criar pelo menos três ideias de campanhas ou promoções que possam associar seu produto a esses eventos de maneira criativa.
- **Planejamento de ação rápida:** Escolha uma das ideias do *brainstorming* e esboce um plano de ação rápido. Determine o que seria necessário para lançar essa campanha (recursos, canais de marketing, parcerias potenciais) e estabeleça um cronograma simplificado para implementação.

QUAL PILAR FOI MAIS EVIDENTE?

☐ CONECTAR ☐ ESCUTAR ☐ NEGOCIAR

QUAIS OS PONTOS DE OURO QUE VOCÊ PÔDE IDENTIFICAR?

____

____

____

____

____

____

____

____

____

PACIÊNCIA E CONEXÃO

ARNALDO BERGER — TechCD

Minha experiência mais memorável no mundo das vendas aconteceu em uma feira de radiologia em Chicago, chamada RSNA, se não me falha a memória, em 2015. Eu estava representando a empresa Perennity da Bélgica, uma das marcas que distribuímos no Brasil, em um evento que se revelou não apenas um marco profissional, mas também uma experiência pessoal enriquecedora.

No estande, compartilhávamos espaço com colegas de diversas nacionalidades, incluindo um empresário belga, um responsável pela operação nos Estados Unidos, além de parceiros da Colômbia e do Chile. Uma característica marcante de nosso espaço era a exibição de bandeiras dos países representados, destacando a presença global da marca.

Foi sob essa atmosfera internacional que um visitante, atraído pela bandeira brasileira, aproximou-se do estande. Revelou-se ser de Fortaleza, e o que começou como uma conversa casual sobre o clima frio de Chicago evoluiu para um diálogo profundo sobre negócios. Ele era proprietário de duas clínicas de diagnóstico por imagem em Fortaleza e se mostrou interessado no que tínhamos a oferecer.

Nosso encontro inicial na feira desencadeou uma série de interações subsequentes. A cada ano, durante a Jornada Paulista de Radiologia (JPR), ele visitava nosso estande, mantendo a conversa e o interesse, mas sempre adiando a decisão final. Essa rotina continuou por vários anos, até que, em um momento decisivo, ele me abordou com um papel onde meu nome estava entre os quatro itens que precisava resolver naquela feira. Era o sinal de que finalmente estava pronto para fechar negócio.

A transição de uma conversa descompromissada para uma parceria comercial significativa ocorreu de maneira orgânica e respeitosa, evidenciando a importância do tempo e da paciência no processo de vendas. A confiança construída ao longo dos anos resultou em uma relação de comodato de uma solução integrada de *hardware* e *software* para duas clínicas que durou mais de dez anos. Isso é um testemunho da força das conexões humanas nas relações comerciais.

Esta experiência destaca o valor incalculável das interações pessoais no universo das vendas. Nos ensina que, por vezes, as melhores oportunidades surgem de maneira espontânea, reforçando a ideia de que o respeito pelo ritmo e pelo momento do outro pode ser a chave para relacionamentos comerciais duradouros e frutíferos.

NOTAS DE FERNANDO VÍTOLO:

ORIENTAÇÕES PRÁTICAS:

- **Paciência e persistência:** Entenda que o processo de vendas pode ser longo e requer paciência. Não pressione para o fechamento imediato; construa relações de confiança ao longo do tempo.
- **Cultive relacionamentos:** Dê valor às conexões humanas acima das transações comerciais. Vínculos genuínos podem gerar oportunidades de negócios inesperadas.
- **Esteja presente e disponível:** Aproveite todas as oportunidades para interagir com potenciais clientes, seja em eventos, feiras ou encontros casuais. Sua disponibilidade e abertura podem abrir portas para futuras parcerias.

PARA REFLETIR:

Como você pode integrar a paciência, a construção de relacionamentos e a disponibilidade em sua estratégia de vendas para cultivar parcerias duradouras?

EXERCÍCIO PRÁTICO:

- **Registro de interações:** Crie um registro de todas as interações significativas que você tem com potenciais clientes. Inclua detalhes como o nome, a empresa, o interesse mostrado e quaisquer detalhes pessoais mencionados durante a conversa.
- **Acompanhamento personalizado:** Desenvolva um plano de acompanhamento para cada contato. Pode ser um e-mail personalizado, uma chamada de *follow-up* ou um convite para outro encontro. Certifique-se de mencionar algo pessoal discutido anteriormente para mostrar que você valoriza a conexão além dos negócios.
- **Reflexão e ajuste:** Após cada interação de acompanhamento, reflita sobre a resposta recebida. Ajuste sua abordagem conforme necessário, com base no feedback ou na disposição do potencial cliente. Isso pode incluir mudar o foco da conversa de vendas para um assunto de interesse comum ou oferecer informações adicionais sobre um tópico discutido.

QUAL PILAR FOI MAIS EVIDENTE?

☐ CONECTAR ☐ ESCUTAR ☐ NEGOCIAR

QUAIS OS PONTOS DE OURO QUE VOCÊ PÔDE IDENTIFICAR?

____

____

____

____

____

A INTELIGÊNCIA COLETIVA DA VENDA

Chicko Souza — CEO da Green Plat

No meio desta semana, tivemos que desligar um profissional de vendas que já atuava há anos no nosso mercado, mas que ficou menos de três meses conosco. Currículo inabalável, uma pessoa que realmente entendia do mercado e da profissão. Mas então por que optamos pela saída de um profissional tão alinhado com o que o mercado sempre buscou?

Porque, durante muito tempo, vender foi uma arte solitária, sinônimo de gastar sola de sapato. Era suor, pasta debaixo do braço, telefone na orelha e meta fixada na parede como se fosse sagrada, solene, imutável. E o erro? Um tropeço escondido, nunca compartilhado.

Mas o jogo mudou. A venda não é mais um ato. É um sistema.

A arte de vender do século XXI nasce justamente do que antes era descartado: o erro. A verdadeira máquina de vendas se constrói a partir dos erros analisados, discutidos, processados e transformados em aprendizado coletivo. É ciência, processo, cultura e, sobretudo, é inteligência compartilhada.

Cada objeção que não foi compreendida ou bem respondida, cada *pitch* desalinhado, cada proposta que estagnou, cada negociação perdida, tudo isso é uma mina de ouro ignorada, se não for trazida à mesa. Na nova lógica, errar não é falhar. É descobrir um *insight* em potencial. É sinal de que se tentou. E tentar sempre foi o primeiro passo do aprendizado em tudo na vida.

O vendedor moderno não trabalha sozinho. Ele é parte de um ecossistema que aprende em rede, um organismo inteligente que evolui com cada ponto de fricção, com cada "não" ouvido. Mas isso só é possível quando o erro é acolhido, analisadoe transformado em dado. Não para punir, mas para ajustar e escalar.

O erro de um vira o aprendizado de todos. O que ontem não funcionou, amanhã inspira uma nova forma de conectar com o cliente. E a inteligência do time cresce na mesma proporção da coragem de compartilhar. Crescimento real vem de estrutura, cultura e humildade para ouvir.

Neste ecossistema, a venda não é mais individual. Ela é construída em rede. Cada *insight* do campo é devolvido ao time como ativo. Cada lição é registrada, compartilhada e integrada ao plano de ação. O que antes era instinto, agora vira framework. E o que era improviso, se transforma em inteligência processual.

A equipe que vence não é a que evita errar. É a que erra rápido, aprende mais rápido ainda e transforma esse ciclo em tração. Crescimento exponencial exige aprendizado exponencial Chegou a hora de repensar a venda como um sistema e não mais como a arte de um voo solo. O erro é o combustível mais valioso desse motor.

No mesmo dia desse desligamento doloroso, fizemos a atração de mais três profissionais dispostos a reaprender do zero aquilo que era arte e hoje virou processo.

Sim, erramos. Porque liderar um processo de constante construção e reconstrução exige humildade para ouvir, coragem para testar e maturidade para aprender. É sair do palco individual e entrar na engrenagem coletiva.

A arte de vender não é sobre perfeição. É sobre evolução.

NOTAS DE FERNANDO VÍTOLO:

ORIENTAÇÕES PRÁTICAS:

- **Crie espaços seguros para o erro**: Em vez de punir, premie quem compartilha aprendizados vindos de tentativas frustradas.

Isso gera uma cultura de inovação e colaboração contínua. Se você ainda não tem uma equipe, lembre-se: não se castigue pelos seus próprios erros — aprenda com eles.

- **Transforme erros em dados**: Todo "não" tem um motivo. Documente objeções, falhas de pitch, recusas de proposta. Depois, analise em conjunto (ou sozinho mesmo) para criar um banco de *insights* que vai turbinar suas futuras abordagens.
- **Venda em rede, não no escuro**: Promova trocas constantes entre vendedores. Um problema resolvido por um pode antecipar soluções para todos. Trabalha sozinho? Combine encontros com colegas ou participe de grupos para trocar essas figurinhas — dá mais jogo do que parece.

PARA REFLETIR:

Você prefere parecer perfeito ou fazer parte de um time (mesmo que de um só) que aprende de verdade?

EXERCÍCIO PRÁTICO:

Organize uma "Reunião do erro da semana". Escolha um dia para trazer à tona um erro recente — o seu ou de alguém do time — e discuta o que foi aprendido com ele. Estimule escuta ativa, sem julgamentos. Registre os aprendizados em um mural físico ou digital visível a todos.

Ah!, e se você for uma "eupresa", essa reunião continua valendo: reserve um tempo para essa autoavaliação semanal. Erro que se anota, evolui. Erro que se ignora, repete.

QUAL PILAR FOI MAIS EVIDENTE?

☐ CONECTAR ☐ ESCUTAR ☐ NEGOCIAR

QUAIS OS PONTOS DE OURO QUE VOCÊ PÔDE IDENTIFICAR?

____

____

____

____

____

SINCERA ATÉ DEMAIS

ÉRICA RUIZ — CEO da Crisis Solutions Brasil

Minha trajetória com vendas começou na universidade, quando entrei no curso de Comunicação Social de Relações Públicas em Londrina, Paraná, no início dos anos 80. Sem recursos para me sustentar, aceitei um emprego vendendo artesanatos de madeira, como porta-guardanapos e porta-retratos, para uma fábrica próxima à república onde morava. Essa experiência inicial me ensinou muito sobre a essência das vendas.

Uma das minhas primeiras tarefas foi visitar uma das melhores clientes da fábrica, uma proprietária de um pequeno estabelecimento que já tinha um histórico de compras. Levando o mostruário de produtos inovadores e delicados, me deparei com a hesitação da cliente. Na minha inocência e sinceridade, sugeri que ela não precisasse comprar se não estivesse totalmente convencida. Após a visita, ao retornar à empresa, meu chefe me chamou para uma conversa. Ele havia sido informado pela cliente sobre o ocorrido e viu aquilo como uma oportunidade de ensinamento.

Ele explicou que, apesar da sinceridade ser importante, era fundamental focar em ouvir o cliente, identificar suas

necessidades e apresentar os produtos de forma que destacasse seus benefícios e vantagens, alinhando-os aos desejos do cliente. Aquele momento de aprendizado me mostrou a importância de abordar as vendas não apenas como uma transação financeira, mas como uma oportunidade de estabelecer conexões significativas, entendendo e atendendo às necessidades e sonhos dos clientes.

Hoje, como empreendedora, continuo aplicando essas lições, buscando compreender profundamente quem está à minha frente, seja uma pessoa ou uma empresa. A experiência me ensinou que o sucesso em vendas vem da curiosidade genuína em conhecer o outro, superar as primeiras resistências e acreditar sinceramente no valor do produto ou serviço oferecido. Esse episódio, embora cômico em retrospectiva, foi um marco inicial que ainda influencia minha abordagem nas vendas e no empreendedorismo.

Com a experiência ao longo dos anos, percebo o quanto é essencial planejar e estudar a abordagem de vendas, buscando informações sobre quem está diante de mim antes de qualquer interação. Aprendi a importância de adaptar minha narrativa para atender às necessidades do cliente, mantendo um equilíbrio entre ser autêntico e focado no objetivo da venda. Esse preparo me ajuda a não permitir que minhas preferências pessoais influenciem negativamente o processo de negociações, garantindo assim uma proposta alinhada aos interesses do cliente.

NOTAS DE FERNANDO VÍTOLO:

ORIENTAÇÕES PRÁTICAS:

- **Valorize a empatia como ferramenta de vendas:** Aprenda a colocar-se no lugar do cliente, entendendo suas necessidades, desejos e hesitações. Isso não apenas ajuda a construir uma conexão mais profunda, mas também permite que você personalize sua abordagem de vendas de maneira mais eficaz.
- **Confie no valor do que você oferece:** Acreditar sinceramente no produto ou serviço que você está vendendo é essencial. Essa confiança transparece na sua abordagem de vendas e é fundamental para superar as resistências iniciais do cliente.
- **Desenvolva a arte da persuasão sutil:** Aprenda a arte de persuadir de maneira sutil, destacando as características e benefícios do seu produto de forma que ressoe com os interesses específicos do cliente. Use histórias e exemplos que demonstrem como o seu produto pode enriquecer a vida ou o trabalho do consumidor.

PARA REFLETIR:

Você já esteve em alguma situação em que a personalidade e valores pessoais atrapalharam uma venda? Como você pode aplicar a sinceridade e a empatia em suas técnicas de vendas para não apenas atender, mas superar as expectativas dos seus comprador?

EXERCÍCIO PRÁTICO:

- **Reflexão inicial:**
  Escreva um breve parágrafo sobre os aspectos da sua personalidade e valores que mais influenciam sua forma de vender. Identifique quais desses aspectos podem ser positivos e quais podem desviar o foco da venda.

- **Preparação da abordagem:**
Crie um roteiro para uma abordagem de vendas que inclua: introdução, exploração de necessidades do cliente (com perguntas específicas), apresentação do produto/serviço e fechamento. Certifique-se de que o roteiro esteja focado nas necessidades do cliente e na solução que você oferece.
- **Hora da ação:**
Quando estiver com seu cliente, seguindo o roteiro que preparou, esteja atento aos aspectos da sua personalidade que anotou conforme as objeções e perguntas do cliente surgirem. Mantenha-se firme ao seu *script* de vendas.
- **Diário de bordo:**
Após a reunião, mantenha um registro de suas vendas e descreva os pontos em que aspectos da sua personalidade e valores foram empecilhos ou contribuições positivas. Com base nesses registros, você poderá refinar ainda mais o seu processo.

QUAL PILAR FOI MAIS EVIDENTE?

☐ CONECTAR ☐ ESCUTAR ☐ NEGOCIAR

QUAIS OS PONTOS DE OURO QUE VOCÊ PÔDE IDENTIFICAR?

____

____

____

____

____

____

NAVEGANDO NO DESCONHECIDO

Fabio Davidovici — CFO da Aramis

Gostaria de compartilhar uma experiência que marcou profundamente minha carreira no âmbito das vendas, que me ofereceu lições valiosas sobre resiliência, aprendizado prático e a importância de aceitar desafios, mesmo quando parecem fora do nosso alcance.

Minha jornada neste episódio começou há 15 anos, quando me tornei sócio de uma empresa portuguesa especializada em fusões e aquisições. Naquele momento, eu estava pisando em um território completamente desconhecido: pouco havia vendido, empreendido ou mesmo participado desses processos empresariais. Tudo era novo para mim. Contudo, diante do convite para me tornar sócio, decidi aceitar o desafio, motivado por um desejo intrínseco de crescer e evoluir profissionalmente.

O primeiro passo nessa nova jornada exigiu de mim uma habilidade crucial em vendas: a prospecção. Eu precisava identificar e atrair clientes potenciais, mas não sabia por onde começar. Lendo o jornal Valor Econômico, buscando *insights* e oportunidades, uma reportagem específica chamou minha atenção, sugerindo que certa empresa estava em busca de investidores. Aquela era a minha chance.

Apesar de ser uma época em que a empresa de *e-commerce* em questão nem sequer listava um número de telefone em seu site, não hesitei em entrar em contato através do SAC. Eu me apresentei e expressei meu interesse. Para minha surpresa, o dono da empresa, um francês, respondeu ao meu contato. Esse foi o começo de tudo.

Nosso encontro marcou o início do meu primeiro projeto nessa área. Aprendi rapidamente que, para ter sucesso em fusões e aquisições, era necessário garantir um mandato de exclusividade, que normalmente envolve um pagamento fixo além de uma comissão variável por sucesso. No meu caso, acabei aceitando um acordo menos vantajoso, sem exclusividade e apenas com a comissão variável. Foi um risco, mas estava determinado a fazer dar certo.

Trabalhei duro, com determinação e muita vontade de aprender. Apesar da falta de experiência prévia, consegui, através de muito esforço e aprendizado na prática, trazer investidores europeus para o capital da empresa. Contra todas as expectativas, o projeto foi um sucesso.

Essa experiência foi um divisor de águas para mim. Mostrou-me que, mesmo diante do desconhecido e de desafios aparentemente intransponíveis, é possível alcançar resultados extraordinários. O sucesso neste projeto não apenas marcou o início da minha jornada em vendas e fusões e aquisições, mas também me ensinou a importância de sair da zona de conforto, aceitar desafios e aprender na prática.

Depois desse processo fiz mais de vinte transações nessa mesma área.

Essa história ilustra não apenas um momento marcante da minha carreira, mas também uma valiosa lição de vida sobre como enfrentar o desconhecido com coragem e determinação, características essenciais para qualquer profissional de vendas que deseja se destacar e alcançar o sucesso em sua carreira.

NOTAS DE FERNANDO VÍTOLO:

ORIENTAÇÕES PRÁTICAS:

1. **Abraçar desafios desconhecidos**
   A disposição para sair da zona de conforto e encarar desafios desconhecidos é crucial. O medo do novo pode ser paralisante, mas é exatamente no desconhecido que residem as maiores oportunidades de crescimento e aprendizado. Encarar desafios com coragem pode abrir portas para experiências transformadoras.
2. **A importância da prospecção e da inciativa**
   A prospecção ativa é a espinha dorsal do sucesso em vendas. A habilidade de identificar e perseguir oportunidades potenciais, mesmo quando não são óbvias ou fáceis de alcançar é essencial. Iniciativas como a leitura atenta de publicações relevantes e a busca proativa por contatos demonstram não apenas diligência, mas também criatividade na abordagem de vendas.
3. **Aprender fazendo**
   A experiência é um professor inestimável. Muitas vezes, o aprendizado mais profundo vem da prática, do "aprender fazendo". Aceitar que você não precisa ter todas as respostas desde o início, mas estar disposto a aprender, adaptar-se e crescer com cada experiência é fundamental para o sucesso em qualquer carreira, especialmente em vendas.

PARA REFLETIR:

Pense sobre um momento em sua vida em que enfrentou um desafio desconhecido. Como você se sentiu antes, durante e após essa experiência? Quais lições você aprendeu?

EXERCÍCIO PRÁTICO:

Identifique uma área ou projeto em sua vida profissional atual que parece desafiador ou fora do seu alcance. Comprometa-se a dar um passo concreto em direção a esse desafio começando hoje mesmo. Pode ser algo tão simples quanto iniciar uma pesquisa sobre o tópico, marcar uma reunião para discutir essa possibilidade com alguém mais experiente ou mesmo esboçar um plano inicial de como você poderia abordá-lo. Anote suas ações, observações e aprendizados ao longo do processo.

QUAL PILAR FOI MAIS EVIDENTE?

☐ CONECTAR ☐ ESCUTAR ☐ NEGOCIAR

QUAIS OS PONTOS DE OURO QUE VOCÊ PÔDE IDENTIFICAR?

____

____

____

____

____

DOIS OUVIDOS E UMA BOCA

FABIO MADIA — CEO da Abramark, Consultor e Mentor

No dia a dia de um consultor e mentor no processo de vendas, enfrento um desafio recorrente e revelador: o que o cliente diz querer raramente alinha-se com o que realmente precisa. Essa distinção crucial exige de nós, profissionais, uma habilidade fundamental – a arte de ouvir atentamente. A chave para desvendar as verdadeiras necessidades do cliente muitas vezes reside não apenas em suas palavras, mas no que permanece não dito, nas entrelinhas de sua expressão.

Em minhas consultorias, observo frequentemente que o processo de venda se assemelha mais a um diálogo profundo do que a uma transação comercial tradicional. Muitos desses encontros se transformam em longas conversas onde o cliente, talvez sem perceber, expõe suas inquietações mais profundas, aquelas que nem mesmo consegue articular claramente. Nesse contexto, a paciência para ouvir – realmente ouvir – torna-se nossa ferramenta mais valiosa. Como diz o ditado, temos dois ouvidos e uma boca por uma razão: devemos ouvir o dobro do que falamos.

Através dessas horas dedicadas a ouvir, começamos a identificar o cerne da questão, que frequentemente diverge da preocupação inicialmente apresentada pelo cliente. No meu caso, marketing, é comum os clientes procurarem soluções em comunicação, acreditando que esta é a chave para seus desafios. No entanto, é nosso papel reconhecer que, por mais que uma estratégia de comunicação possa ser parte da solução, ela raramente é a solução completa. Os problemas podem ser mais complexos ou distintos, envolvendo questões de produto, logística, posicionamento ou percepção de valor por parte dos consumidores.

Quando chega o momento de apresentar uma proposta, a delicadeza e o respeito são cruciais. É essencial comunicar ao cliente que, embora possamos atender à sua solicitação inicial, isso pode não ser suficiente para resolver a questão fundamental. A honestidade nesse estágio é vital para estabelecer confiança e para preparar o terreno para soluções mais eficazes e abrangentes.

Ao longo dos anos, essa abordagem tem se confirmado repetidamente: os clientes conhecem sua dor, mas muitas vezes não sabem como remediar essa dor de maneira efetiva. Eles vêm até nós com uma solução pré-concebida – como quem busca no Google um paracetamol para uma dor de cabeça, sem investigar as causas subjacentes. Nosso trabalho, então, é ajudá-los a entender que a dor sentida pode ser sintoma de problemas mais profundos, que exigem intervenções mais significativas do que simples soluções paliativas.

NOTAS DE FERNANDO VÍTOLO:

ORIENTAÇÕES PRÁTICAS:

- **Pratique a escuta ativa:** Dedique-se a ouvir não apenas o que os clientes estão dizendo, mas também o que não estão expressando diretamente. A escuta ativa permite captar as preocupações subjacentes que podem não ser imediatamente evidentes.
- **Desenvolva uma abordagem consultiva:** Veja-se mais como um consultor do que como um vendedor. Isso significa focar em entender profundamente o problema do cliente e propor soluções que abordem a raiz do problema, não apenas os sintomas.
- **Comunique com honestidade e respeito:** Ao apresentar suas propostas, faça-o com delicadeza, respeitando a perspectiva do cliente. Seja transparente sobre o que você acredita ser a melhor solução para o problema dele, mesmo que isso divirja do que ele inicialmente solicitou.

PARA REFLETIR:

Em sua experiência, você já encontrou uma situação em que a solução desejada pelo cliente não era a mais adequada para o problema? Como você abordou essa discrepância e quais foram os resultados?

EXERCÍCIO PRÁTICO:

Diagnóstico e proposta de valor

- **Seleção de um cliente:** Escolha um cliente recente ou uma interação de vendas que não resultou como esperado.
- **Análise da comunicação:** Revise as interações com esse cliente, concentrando-se em identificar o que foi dito e o que pode ter ficado implícito. Tente discernir as necessidades reais por trás do pedido explícito do cliente.
- **Elaboração de uma proposta alternativa:** Com base em sua análise, desenvolva uma proposta que você acredita que atenda melhor às necessidades subjacentes do cliente. Esta proposta deve ir além da solicitação inicial, oferecendo uma solução mais abrangente que aborde a raiz do problema.
- **Reflexão:** Pense em como você apresentaria essa proposta ao cliente de forma respeitosa e convincente. Reflita sobre as possíveis objeções que o cliente poderia ter e como você as abordaria.

QUAL PILAR FOI MAIS EVIDENTE?

☐ CONECTAR ☐ ESCUTAR ☐ NEGOCIAR

QUAIS OS PONTOS DE OURO QUE VOCÊ PÔDE IDENTIFICAR?

____

____

____

____

____

O SEGREDO ESTÁ NA PROSA (E NA TORRA)

Horácio Antônio De Moura — Sítio 3 Barras

Eu sou o Horácio Antônio de Moura, do Sítio 3 Barras, em Simonésia, Minas Gerais. Sou a sexta geração da minha família que planta café por essas bandas. Trisavô, bisavô, avô, meu pai... todos trabalharam com café. Mas era sempre do mesmo jeito: colhia, entregava e recebia o que o mercado determinava. Café como commodity. Simples assim.

Só que, em 2002, veio uma crise brava. O preço da saca despencou para R$ 64,00. Sessenta e quatro reais! O produtor, que já vivia no aperto, ficou no sufoco. Foi nessa época que comecei a ouvir alguns especialistas dizendo que o futuro estava no café especial. Que era preciso se reinventar, mudar a forma de produzir. E que quem não se adaptasse ia acabar ficando pelo caminho.

Em 2003, tomei uma decisão ousada: peguei todas as minhas economias e investi em maquinário para café especial. Modernizei uma área antiga do plantio. E fiz isso numa época em que ninguém queria saber de investir. Mas eu sabia que, se queria um futuro diferente, precisava plantar diferente.

Graças a Deus, temos aqui uma altitude privilegiada, que contribui muito para a produção de cafés excepcionais. No começo, eu mesmo torrava os grãos e distribuía para os amigos. Só para ver no que ia dar. E não é que deu certo? O café começou a conquistar paladares, atravessar montanhas e chegar longe.

Chile, Portugal, Alemanha, Espanha, China... Até uma escola de café em Madri passou a usar o nosso produto. A qualidade falou mais alto. Vieram os prêmios. E, com os prêmios, vieram as vendas.

Com o dinheiro de um desses prêmios, comprei brinquedos e presenteei as crianças da região. Foi assim que conheci a pequena Sarah, uma menininha curiosa, que perguntou ao pai quem era esse tal de Horácio, que tinha dinheiro para comprar brinquedo para tanta gente. O pai contou minha história. Desde então, Sarah se tornou fã do café e do Sítio 3 Barras.

Hoje, mesmo ainda criança, ela toma café sem açúcar, entende do assunto e já começou a plantar seu próprio café. Visita sempre o sítio, aprende, pergunta, observa e sonha em ganhar os mesmos prêmios que eu. E sabe de uma coisa? Vai ganhar. Porque o que move não é o café em si — é o propósito que ele carrega.

Agora deixa eu compartilhar uma estratégia de venda que desenvolvi aqui no sítio.

Na venda de café, o comum é o produtor enviar uma amostra de trezentos gramas para o cliente. Ele torra, prova e, se gostar, começa a negociação. Aqui, fazemos diferente: eu envio trinta quilos. Isso mesmo. Trinta quilos. Digo ao cliente:

"Torre como quiser. Teste todos os perfis. Use no expresso, no coado, na prensa francesa. Faça do seu jeito. Depois a gente conversa."

Por quê? Porque se o café é bom, ele vai provar isso sozinho. E mais: aqui, palavra tem valor. O café que o cliente prova é exatamente o café que ele vai receber. Mesmo lote, mesma qualidade.

Muitos por aí mandam um café top para degustação e, depois, entregam um inferior. Isso não funciona. Perde credibilidade, perde cliente, perde futuro.

Aqui, a venda nasce da confiança. O cliente vira amigo. Depois, vira freguês. Depois, vira quase da família. Muitos já vieram visitar o sítio. Outros eu faço questão de visitar. Porque, no fim das contas, o que mais nos alegra não é apenas viver do café — é viver com o café e tudo o que ele conecta.

O café é pretexto para gente construir laços, trocar ideias, prosear com sentido.

A melhor venda que já fiz? Não foi a que me deu mais lucro. Foi aquela que me apresentou alguém com quem aprendi algo novo. Porque, no fim, vender café não é sobre dinheiro. É sobre gente.

E se tem uma coisa que aprendi com o tempo é essa: O bom café se vende sozinho. Mas o melhor de tudo é o que acontece depois da venda.

NOTAS DE FERNANDO VÍTOLO:

ORIENTAÇÕES PRÁTICAS:

- **Venda começa antes da negociação, começa na confiança:** Horácio envia trinta quilos de café, não trezentos gramas. Por quê? Porque ele quer que o cliente tenha liberdade para testar, provar, experimentar — sem pressão. A confiança abre as portas para uma venda verdadeira. Quando você acredita no que entrega, não precisa empurrar: deixa o produto falar por si.
- **Propósito vende mais do que produto:** Mais do que café, Horácio entrega histórias, conexão, afeto, propósito. É isso que fez uma criança como a Sarah se tornar fã e até produtora mirim. Quando a sua venda carrega um "porquê" forte, ela transcende o valor monetário e cria vínculos.
- **A venda mais valiosa é a que gera relacionamento:** O lucro vem, mas o que fica é a relação. Clientes viram amigos, que viram fregueses, que viram quase família. Esse ciclo só acontece quando a venda não termina com o "sim", mas começa com ele.

PARA REFLETIR:

Você está vendendo um produto ou construindo um laço?

EXERCÍCIO PRÁTICO:

Escolha um cliente ou contato com quem você já fez uma venda. Ligue para ele hoje — não para vender, mas para conversar. Pergunte como está, o que achou do produto, se teve alguma dúvida ou sugestão. Ouça com atenção. Sem *script*. Sem *pitch*. Apenas escute.

Depois, anote o que aprendeu com essa conversa. Porque, no fim, como disse Horácio: "O café é pretexto para gente construir laços." E talvez sua venda também seja.

QUAL PILAR FOI MAIS EVIDENTE?

☐ CONECTAR ☐ ESCUTAR ☐ NEGOCIAR

QUAIS OS PONTOS DE OURO QUE VOCÊ PÔDE IDENTIFICAR?

____

____

____

____

____

MÃOS FOFINHAS

IVAN ALATXEVE — Casa da Matrona

Durante meu curso técnico, eu e meus amigos decidimos mudar de rumo e começamos a vender um produto legítimo: uma pasta de limpeza para as mãos que minha irmã havia recomendado, um produto usado na empresa onde trabalhava.

Essa pasta era direcionada para o mercado industrial e diferente das opções tradicionais, essa pasta não continha areia em sua composição, deixando as mãos não só limpas, mas também com um aspecto brilhante, graças ao silicone e outros componentes em sua fórmula.

A pasta foi um sucesso entre os estudantes da GV e os professores. No entanto, o desafio veio quando tentei introduzir o produto aos mecânicos, que eram o público-alvo ideal devido à natureza do trabalho deles. Curiosamente, o maior obstáculo não foi a eficácia do produto, mas sim a sua apresentação: a pasta era cor de rosa e prometia mãos hidratadas, o que, naquela época de preconceitos arraigados, era motivo de piada entre os mecânicos, um público majoritariamente masculino e pouco receptivo à ideia de "mãos fofinhas".

Apesar do início frustrante, tive um *insight* que mudaria completamente nossa abordagem de vendas. Percebi que as pastas comuns, ao contrário da nossa, tinham areia na composição, o que frequentemente causava entupimentos nos encanamentos das oficinas. Com essa nova perspectiva, reformulei nossa estratégia de vendas: ao invés de enfatizar a limpeza e hidratação das mãos, passei a destacar como nossa pasta, chamada Edumax, evitava os problemáticos entupimentos.

Com essa mudança de discurso, as vendas decolaram. Deixamos de lado os benefícios estéticos do produto para focar em sua utilidade prática, algo que ressoava muito mais com nosso público. A lição aprendida foi clara: entender as necessidades específicas do cliente e adaptar a mensagem é crucial para o sucesso.

NOTAS DE FERNANDO VÍTOLO:

ORIENTAÇÕES PRÁTICAS:

- **Conheça seu público-alvo:** Entender profundamente as necessidades, preocupações e preconceitos do seu público-alvo é fundamental. Isso permite ajustar sua oferta e comunicação de forma que ressoe com eles, maximizando a relevância e o apelo do seu produto.

- **Adapte sua mensagem:** Se uma abordagem de vendas não está funcionando, seja flexível o suficiente para adaptar sua mensagem. Concentre-se nos aspectos do seu produto ou serviço que atendam diretamente às necessidades práticas e imediatas do seu cliente, mesmo que isso signifique desviar das características originalmente destacadas.
- **Enfatize os benefícios práticos:** Em muitos casos, os clientes valorizam mais os benefícios práticos do que as características estéticas ou suplementares de um produto. Identifique e destaque esses benefícios em sua comunicação de vendas para criar um argumento mais convincente.

PARA REFLETIR:

Em que situações você precisou ajustar sua estratégia de vendas para se alinhar melhor às necessidades e expectativas do seu público-alvo? Como essa adaptação impactou os resultados das suas vendas?

EXERCÍCIO PRÁTICO:

Análise de produto e reajuste de mensagem

- **Seleção de um produto/serviço:** Escolha um produto ou serviço que você oferece atualmente ou que planeja oferecer no futuro.
- **Mapeamento de atributos x necessidades do cliente:** Liste os atributos principais desse produto ou serviço. Ao lado, escreva as possíveis necessidades ou problemas do seu público-alvo que cada atributo pode resolver.
- **Desenvolvimento de nova mensagem de vendas:** Com base nesse mapeamento, desenvolva uma nova mensagem de vendas focada nos benefícios práticos mais relevantes para o seu público. Se necessário, reformule a apresentação do produto ou serviço para melhor atender e comunicar esses benefícios.

- **Implementação e observação:** Aplique esta nova mensagem em suas próximas interações de vendas ou campanhas de marketing. Observe as reações dos clientes e monitore o impacto dessa mudança nas vendas e no engajamento do cliente.

QUAL PILAR FOI MAIS EVIDENTE?

☐ CONECTAR ☐ ESCUTAR ☐ NEGOCIAR

QUAIS OS PONTOS DE OURO QUE VOCÊ PÔDE IDENTIFICAR?

____

____

____

____

____

CULTIVANDO O SUCESSO

Jederson Beck — Você Está Contratado!

Convidado por Fernando Vítolo, aceitei o desafio de compartilhar uma história que possa inspirar tanto vendedores experientes quanto aqueles que aspiram a construir uma carreira nesta área vibrante.

Minha primeira lição é essencial: a importância de cultivar uma imagem profissional sólida. Num mundo cada vez mais digital, a preferência por interações humanas no processo de compra permanece inalterada. Pessoas, afinal, compram de pessoas.

Recordo-me vividamente de como fui lançado ao universo das vendas, assumindo diretamente o posto de Gerente de Vendas

Nacional na Repsol Gas. Uma trajetória atípica? Sem dúvida. Sem experiência prévia como vendedor, enfrentei o desafio com uma determinação feroz de excelência e resultados.

Essa disposição não surgiu do nada. Desde a infância, ocupei posições de liderança - de presidente de sala de aula na quinta série a presidente mirim da Câmara de Vereadores em minha cidade natal aos 13 anos, passando por líder de turma em cursos de pós-graduação. Essas experiências moldaram a minha personalidade profissional, preparando-me para o mercado de trabalho.

Crucialmente, compreendi que as habilidades de vendas são desenvolvidas desde cedo. As oportunidades que a vida oferece, por mais insignificantes que pareçam, são pedras fundamentais para o futuro. Olhando para trás, percebo o valor de cada experiência vivida, mesmo aquelas dos meus tenros 10 anos de idade. Se você tem crianças por perto, estimule-as. O impacto será imenso em sua vida adulta.

Avançando para minha posição como Gerente Comercial de Vendas aos 35 anos, após mais de uma década liderando equipes em áreas técnicas, a responsabilidade era imensa. Gerir planejamento, análise de riscos, vendas, projeções e resultados significava estar sob constante vigilância. A pressão vinha de todas as direções, mas eu abraçava esse papel com paixão.

Meu objetivo sempre foi ter ao meu lado a melhor equipe possível. A comunicação aberta era chave, embora não esperasse unanimidade. A diversidade humana é um fato, e com alguns colaboradores eu compartilhava mais afinidades que com outros. No entanto, o respeito mútuo sempre prevaleceu, criando um ambiente de trabalho produtivo e harmonioso.

Esta jornada me ensinou que o sucesso em vendas e liderança vem não apenas do conhecimento técnico ou experiência de mercado, mas da capacidade de estabelecer conexões autênticas e cultivar relações humanas, tanto dentro quanto fora da equipe.

NOTAS DE FERNANDO VÍTOLO:

ORIENTAÇÕES PRÁTICAS:

- **Desenvolva e mantenha uma imagem profissional sólida:** Em um mundo onde as interações digitais são cada vez mais comuns, a capacidade de estabelecer conexões humanas genuínas permanece crucial. Cultive uma imagem profissional que reflita confiança, competência e acessibilidade.
- **Aproveite todas as oportunidades de liderança e aprendizado:** Desde a infância até a fase adulta, todas as experiências de liderança e aprendizado contribuem para o desenvolvimento de habilidades essenciais em vendas e gestão. Encare cada oportunidade como um alicerce para o seu crescimento profissional.
- **Priorize a comunicação aberta e respeito mútuo:** Uma equipe bem-sucedida é construída sobre a base da comunicação transparente e do respeito pelas diferenças individuais. Fomentar um ambiente onde todos se sintam valorizados e ouvidos é fundamental para alcançar resultados coletivos.

PARA REFLETIR:

Como você pode aplicar as lições de liderança e desenvolvimento pessoal da sua própria vida para melhorar sua performance em vendas ou em seu papel profissional atual?

EXERCÍCIO PRÁTICO:

Mapeamento de experiência de liderança e vendas

- Dedique um momento para refletir sobre as experiências passadas que contribuíram para o seu desenvolvimento em vendas, liderança ou habilidades interpessoais. Isso pode incluir desde pequenos atos de liderança na infância até responsabilidades maiores assumidas ao longo de sua carreira.

- Faça uma lista dessas experiências, destacando o que cada uma ensinou sobre comunicação, liderança, resolução de conflitos ou vendas.
- Para cada experiência listada, identifique uma habilidade ou lição específica que você pode aplicar de forma mais consciente em seu papel atual. Selecione pelo menos uma dessas habilidades para focar nas próximas semanas.
- Implemente essa habilidade escolhida de forma proativa em seu trabalho diário, seja em interações com clientes, na gestão de sua equipe ou em tarefas de vendas. Observe e anote os impactos dessa aplicação consciente em seu desempenho e nas suas relações profissionais.

QUAL PILAR FOI MAIS EVIDENTE?

☐ CONECTAR ☐ ESCUTAR ☐ NEGOCIAR

QUAIS OS PONTOS DE OURO QUE VOCÊ PÔDE IDENTIFICAR?

___

___

___

___

___

___

___

ORIENTANDO O CLIENTE

Jeferson Beck — RTV (Representante Técnico de Vendas) Especialista / ADAMA

Com três décadas de experiência no setor comercial agrícola, acumulei várias histórias sobre vendas, cada uma com sua particularidade e lição. Uma história se destaca, não apenas pelo desafio que apresentou, mas também pela criatividade na solução.

Eu vendia um produto agrícola que, apesar de ter excelente performance, exigia cuidados específicos no manuseio. Sendo líder de mercado há anos, era frequentemente utilizado fora dos padrões recomendados. Isso causava incompatibilidade física na mistura de produtos químicos no tanque do pulverizador e, às vezes, entupimentos nos bicos. A qualidade do produto era depreciada, por vezes, pela má utilização. O problema também residia na confiança excessiva dos produtores e na crença de alguns vendedores de que todos sabiam como usar o produto corretamente. Diante dessa lacuna, iniciei ações para melhor orientação.

Dediquei meu tempo a ações junto aos clientes, especializando-me em orientá-los sobre as melhores práticas culturais e o uso correto do produto. Isso envolvia desde a diluição adequada até instruções detalhadas de manuseio, combinando disciplina, conhecimento técnico e empatia.

Essa abordagem não só resolveu o problema, como também fortaleceu o relacionamento com os clientes, levando a um aumento significativo nas vendas. Essa melhoria no desempenho se destacou em comparação a outras regiões que vendiam o mesmo produto, mas não adotavam a mesma estratégia.

O sucesso dessa ação foi atribuído por alguns à sorte e por outros a um favoritismo inexplicável. Alguns até mesmo ignoraram o esforço dedicado a educar os clientes sobre a melhor utilização do produto. Essa experiência sublinhou uma lição valiosa: o conhecimento e a disposição para compartilhá-lo podem transformar desafios em oportunidades, promovendo não apenas sucesso nas vendas, mas também relações comerciais duradouras e baseadas na confiança.

NOTAS DE FERNANDO VÍTOLO:

ORIENTAÇÕES PRÁTICAS:

- **Oriente seu clientes:** Faça da orientação uma parte central da sua estratégia de vendas. Ensinar os clientes sobre o uso correto do seu produto não só melhora a experiência deles, mas também pode aumentar a satisfação e fidelidade à marca.
- **Adote uma abordagem personalizada:** Cada cliente tem necessidades e níveis de conhecimento distintos. Personalize suas instruções e suporte para atender a essas variações, garantindo que todos possam aproveitar ao máximo o seu produto.
- **Use conhecimento como ferramenta de vendas:** O conhecimento não é apenas poder; é também uma ferramenta de vendas. Ao compartilhar expertise de maneira empática e acessível, você não só resolve problemas, mas também constrói uma base sólida de confiança com seus clientes.

PARA REFLETIR:

Como você pode implementar uma estratégia de orientação de clientes em seu processo de vendas? Existe alguma área onde seus clientes frequentemente encontram dificuldades que poderia ser aliviada com mais informação e orientação?

EXERCÍCIO PRÁTICO:

Elaboração de material de orientação

- **Identificação de necessidades:** Comece identificando uma área comum de desafio ou confusão para seus clientes relacionada ao seu produto ou serviço.
- **Desenvolvimento de conteúdo:** Crie um material orientativo breve, seja um folheto, vídeo tutorial, ou uma série de postagens em redes sociais, que aborde esse desafio. Certifique-se de que o material seja claro, fácil de entender e prático.
- **Feedback e ajuste:** Compartilhe esse material com um pequeno grupo de clientes e solicite feedback. Use as respostas para ajustar e melhorar o material antes de lançá-lo mais amplamente.

QUAL PILAR FOI MAIS EVIDENTE?

☐ CONECTAR ☐ ESCUTAR ☐ NEGOCIAR

QUAIS OS PONTOS DE OURO QUE VOCÊ PÔDE IDENTIFICAR?

____

____

____

____

____

DO BALCÃO AO CLIENTE

Juscelino Brasílio Gonzalis — Younik

Minha carreira em vendas pode ser dividida em duas experiências distintas e enriquecedoras: vendas "no balcão", onde os clientes me procuram, e vendas externas, onde eu vou ao encontro dos clientes. Ambas as modalidades me proporcionaram lições valiosas e um profundo entendimento da diversidade humana.

No balcão: trabalhar diretamente com o público no balcão me ensinou a lidar com uma ampla variedade de personalidades: desde o introvertido ao extrovertido, do alegre ao tímido, do raivoso (por qualquer motivo) ao ignorante, do sábio ao "esperto", do arrogante... e assim por diante. Essa experiência me permitiu desenvolver habilidades cruciais para "quebrar o gelo" e iniciar diálogos que poderiam levar a vendas imediatas ou futuras, e, mais importante, à fidelização de clientes. Comecei minha jornada no balcão trabalhando em uma banca de jornais, depois avancei para uma livraria, bijuterias e artigos de prata, moda jovem no Mappin, moda masculina, e bazar. Nesse ambiente, tive a oportunidade de conhecer pessoas de todos os estratos sociais – famosos da TV como John Herbert, Jessé, Alcione, Jair Rodrigues, Geórgia Gomide, Jane e Herondy, Bolinha, Gerson Brenner, Ed Carlos – além de pessoas ricas, pessoas pobres, aquelas que se acham ricas e outras que se fazem de pobres. Realmente, a gente vê de tudo...

Vendas externas: neste âmbito, o desafio era outro. Aqui, eu era o embaixador da minha marca, apresentando produtos e soluções diretamente aos clientes. Mais do que isso, estava vendendo minha própria imagem, construindo a ponte de confiança e credibilidade entre o cliente e a empresa que eu representava. As vendas externas me proporcionaram a experiência com uma variedade de produtos – desde coberturas de garagens a *nobreaks* e medicamentos – cada um com seu próprio conjunto de necessidades e estratégias de vendas.

A venda de coberturas exigia que eu destacasse não apenas a funcionalidade, mas também a estética e a durabilidade, embora a fidelização nesse segmento fosse um desafio pela longevidade do produto. Já no setor farmacêutico, a dinâmica era diferente. Era essencial manter as drogarias bem abastecidas em um mercado competitivo, o que muitas vezes transformava minha função em tirador de pedidos, embora ainda exigisse criatividade para se destacar entre as muitas distribuidoras.

Porém, foi com os *nobreaks* que encontrei meu maior desafio. Neste mercado emergente, no alvorecer da era da informática, competir com gigantes que atendiam grandes centros de processamento de dados demandava não apenas conhecimento aprofundado do produto, mas também uma habilidade singular para demonstrar suas vantagens. Além disso, a manutenção pós-venda mostrou-se uma estratégia valiosa, reforçando o compromisso da empresa com o cliente além da venda inicial, garantindo fidelização e abrindo portas para futuras oportunidades de negócios.

Neste percurso, aprendi que a excelência em vendas transcende a transação momentânea; reside na capacidade de trazer tranquilidade e satisfação duradouras ao cliente. A integridade, a verdade e a confiança são as verdadeiras moedas de valor. Descobri que não é necessário diminuir os outros para se destacar; basta ser autêntico, conhecer profundamente o seu produto e acreditar sinceramente no valor que você oferece.

NOTAS DE FERNANDO VÍTOLO:

ORIENTAÇÕES PRÁTICAS:

- **Adapte-se a diversos públicos:** A habilidade de lidar com uma ampla gama de personalidades é crucial em vendas. Desenvolver a capacidade de "quebrar o gelo" e estabelecer uma conexão genuína com diferentes tipos de clientes pode transformar interações casuais em oportunidades de vendas e fidelização.
- **Seja o embaixador da sua marca:** Em vendas externas, você não está apenas vendendo um produto ou serviço, mas também sua própria imagem e, por extensão, a da sua marca. Construir uma ponte de confiança e credibilidade com seus clientes é fundamental para o sucesso a longo prazo.
- **Conhecimento e autenticidade:** Conhecer profundamente o seu produto e acreditar sinceramente no seu valor são essenciais. A autenticidade na apresentação e na interação com o cliente constrói uma base sólida de confiança e fidelidade.

PARA REFLETIR:

Em suas próprias experiências de venda, você já encontrou um momento em que precisou adaptar rapidamente sua abordagem para atender às necessidades de um cliente específico? Como a autenticidade e o conhecimento do produto influenciaram o resultado dessa interação?

EXERCÍCIO PRÁTICO:

- **Análise de personalidade:** Observe e anote as diferentes personalidades dos clientes com quem interage. Tente identificar padrões ou características comuns e pense em estratégias para personalizar sua abordagem de vendas para cada tipo de personalidade.

- **Embaixador da marca:** Escolha um produto ou serviço que você oferece e desenvolva um "pitch" de vendas que enfatize não apenas as características e benefícios do produto, mas também como você e sua marca se comprometem com a satisfação e o sucesso do cliente a longo prazo.
- **Valor autêntico:** Reflita sobre um produto ou serviço que você vende e realmente acredita no seu valor. Crie uma história ou um caso de uso real que ilustre esse valor de uma maneira que ressoe autenticamente com seus clientes.

QUAL PILAR FOI MAIS EVIDENTE?

☐ CONECTAR ☐ ESCUTAR ☐ NEGOCIAR

QUAIS OS PONTOS DE OURO QUE VOCÊ PÔDE IDENTIFICAR?

JOGANDO A REAL

LUCAS INFANTE — Food To Save

Sempre estive ligado à área comercial em todas as minhas experiências como colaborador ou como empresário. De todas as passagens que tive, sempre ligadas a vendas, foram as mais valiosas. Um dos trechos que mais me marcaram foi um dos momentos iniciais da história da Food To Save.

Quando começamos, em plena pandemia, os estabelecimentos de comércios alimentícios, como restaurantes, mercados e padarias, estavam vazios e o volume de excedentes estava elevado, o que indicava uma oportunidade clara de abordagem dos empresários do ramo alimentício.

Apesar desse pensamento, o desafio foi muito maior. Não tínhamos logotipo, nem sacola e muito menos um aplicativo (basicamente, tudo de importante para rodar nossa empresa). Simplesmente selecionamos algumas padarias para apresentar o modelo de negócio.

Depois de inúmeras tentativas, um dos empresários, proprietário de uma tradicional padaria da Zona Leste de São Paulo, resolveu nos atender e entender do que se tratava aquela ideia. É necessário possuir muita coragem e disposição para convencer alguém de algo que ainda não existe.

Agendamos a reunião e, depois de falar por cerca de 10 minutos, o Sr. Manuel perguntou: "Vocês estão sugerindo que eu venda os produtos da minha padaria dentro de uma sacola surpresa e afirmando que as pessoas irão pagar por esses itens? Quem me garante isso? Qual o cuidado que vocês terão com a minha marca? O que me faria fazer isso?".

Após ouvir uma sequência de perguntas questionadoras (com razão) e olhar atentamente para ele, eu respondi:

"Seu Manuel, realmente não temos uma marca tradicional, não temos uma base de clientes, não temos outros estabelecimentos relevantes que possam colaborar para a minha resposta e muito menos a certeza de que iremos vender todos os produtos em pouco tempo. Mas uma coisa eu tenho: confiança no que estamos fazendo e compromisso com cada palavra que eu acordar com o senhor. Mas antes de tomar uma decisão, eu preciso lhe fazer duas perguntas: a solução que estamos propondo realmente o atenderia caso funcionasse? Em caso positivo, você me daria uma oportunidade de comprovar toda esta teoria?"

Eu realmente não tinha absolutamente nada, somente muita vontade de validar toda a teoria que já estava na minha cabeça. Não hesitei em falar a verdade, em ser honesto com o cliente em potencial, afinal, de que valeria uma mentira sobre algo que não existia?

Essa decisão acertada fez com que tivéssemos nosso primeiro "sim" para começar o negócio que, posteriormente, abriu portas para outros "sins" de estabelecimentos e clientes pelo aplicativo.

O caminho da honestidade e da transparência será sempre a melhor alternativa. Aquela velha frase "a mentira tem perna curta" é válida e muito real. Colocar-nos no lugar do outro, criar a expectativa e fazer o impossível para cumprir com o acordado são atitudes que sempre terão seu valor.

NOTAS DE FERNANDO VÍTOLO:

ORIENTAÇÕES PRÁTICAS:

- **Seja transparente:** A honestidade é a base para construir confiança com seus clientes. Seja franco sobre o que você pode oferecer e as limitações do momento.
- **Comprometimento:** Demonstre comprometimento com sua visão e com as promessas feitas. Essa atitude não apenas valida sua confiabilidade, mas também encoraja os clientes a confiarem em você.
- **Valide a necessidade:** Antes de oferecer sua solução, certifique-se de que ela atende a uma necessidade real do cliente. Fazer perguntas-chave pode ajudar a confirmar o interesse e a abertura para a sua proposta.

PARA REFLETIR:

Como você pode aplicar a transparência e o comprometimento em sua abordagem de vendas para cultivar relações de confiança duradouras com seus clientes?

EXERCÍCIO PRÁTICO:

- **Exercício de empatia e proposta:** Escolha um produto ou serviço que você oferece e imagine que está apresentando a um cliente potencial que ainda não conhece sua empresa. Escreva uma proposta breve que inclua:
  1. Uma introdução honesta sobre o estágio atual do seu produto/serviço.
  2. Como sua oferta resolve uma necessidade específica do cliente.
  3. Um compromisso claro que você está disposto a fazer para garantir a satisfação do cliente.
- **Revisão e feedback:** Peça a um colega ou mentor para revisar sua proposta. Discutam juntos maneiras de melhorar a clareza, a honestidade e o apelo da sua oferta.
- **Simulação:** Simule a apresentação da sua proposta para um colega, como se estivessem em uma reunião com um cliente potencial. Após a simulação, peça feedback sobre sua transparência, como comunicou o compromisso e se a necessidade do cliente foi claramente identificada e abordada.

QUAL PILAR FOI MAIS EVIDENTE?

☐ CONECTAR ☐ ESCUTAR ☐ NEGOCIAR

QUAIS OS PONTOS DE OURO QUE VOCÊ PÔDE IDENTIFICAR?

___

___

___

___

FORA DA CAIXA

Luiz Bernardino Neto — Consultor Comercial

Uma empresa na qual trabalhei sempre se orgulhou de oferecer produtos inovadores e eficazes, e um dos nossos carros-chefe era um secador de cabelos com desempenho satisfatório nas vendas, especialmente em redes de autosserviço. A performance era consistente, mas um fenômeno curioso chamou nossa atenção em uma loja específica dessa rede, onde as vendas do secador superavam as médias usuais, com reposições mais frequentes.

Intrigados com esse sucesso atípico, decidimos mergulhar nos números e buscar entender o que estava impulsionando essas vendas excepcionais. A chave para esse mistério foi revelada por nossa promotora na loja, que compartilhou conosco uma estratégia simples, porém inovadora, que ela havia implementado.

Percebendo uma oportunidade única, ela solicitou ao gerente da loja um espaço no setor dedicado a pets. Lá, ela posicionou nosso secador de cabelos, acompanhado de um cartaz sugerindo uma nova utilização para o produto: facilitar a secagem dos pets após o banho. Essa iniciativa não apenas abriu nosso produto para um mercado completamente novo, mas também aumentou significativamente sua visibilidade e apelo.

O resultado dessa ação criativa foi impressionante. Não apenas vimos um aumento significativo nas vendas nessa loja específica, mas também uma elevação no perfil do produto dentro

do segmento de autosserviço e um reforço positivo para a imagem das nossas marcas. Essa experiência nos mostrou o poder de pensar fora da caixa e de reconhecer oportunidades não convencionais para promover nossos produtos.

Esse sucesso inesperado reafirmou nossa crença na importância da inovação e da adaptabilidade no mundo dos negócios. Demonstrou também o valor inestimável de ouvir e apoiar as iniciativas de nossa equipe no campo, cuja proximidade com o mercado e os consumidores pode revelar *insights* valiosos e abrir portas para novos nichos de mercado.

NOTAS DE FERNANDO VÍTOLO:

ORIENTAÇÕES PRÁTICAS:

- **Explore novos usos para produtos existentes:** Não limite a utilidade dos seus produtos ao uso original para o qual foram projetados. Esteja aberto a explorar e promover novas aplicações que possam atender a diferentes necessidades dos consumidores.
- **Valorize as ideias de sua equipe de campo:** Os membros da sua equipe que estão mais próximos dos clientes frequentemente possuem *insights* valiosos sobre as necessidades e comportamentos do mercado. Encoraje-os a compartilhar suas observações e ideias inovadoras.
- **Seja flexível e adapte-se a novas oportunidades:** A adaptabilidade é fundamental no dinâmico ambiente de negócios atual. Esteja disposto a testar novas estratégias e adaptar suas abordagens de marketing para aproveitar oportunidades inesperadas.

PARA REFLETIR:

Como você pode aplicar a ideia de explorar novos usos para os seus produtos em seu próprio negócio? Existe algum produto que você está vendendo que poderia ser promovido para um mercado completamente diferente?

EXERCÍCIO PRÁTICO:

Identificação de novos mercados

- **Seleção de produto:** Escolha um produto da sua linha que tenha potencial para ser utilizado de uma forma não convencional ou em um mercado diferente do atual.
- **Pesquisa e *brainstorming*:** Realize uma sessão de compartilhamento de ideias com sua equipe para explorar possíveis novos usos ou mercados para esse produto. Considere fatores como tendências de consumo, necessidades não atendidas e sinergias com outros segmentos de mercado.
- **Teste de conceito:** Desenvolva uma pequena campanha ou ação de marketing para testar a receptividade do novo mercado ao seu produto. Isso pode ser feito através de um teste em uma loja específica, uma pesquisa online ou uma campanha nas redes sociais.

QUAL PILAR FOI MAIS EVIDENTE?

☐ CONECTAR ☐ ESCUTAR ☐ NEGOCIAR

QUAIS OS PONTOS DE OURO QUE VOCÊ PÔDE IDENTIFICAR?

___

___

___

___

LIÇÕES DE UM DIA DE FEIRA

Maurício Annibal — Publicitário

Quero compartilhar uma história que remonta aos anos 70, um período culturalmente efervescente e pessoalmente significativo para mim. Naquela época, ainda jovem e dedicando os finais de semana para trabalhar na feira com meu tio Getúlio, aprendi lições valiosas sobre vendas e marketing muito antes de adentrar no mundo publicitário. Meu tio, apesar de sua educação formal ser limitada ao quarto ano primário, possuía um instinto comercial notável, o qual despertou em mim curiosidade e admiração.

Nos finais de semana, eu aproveitava a oportunidade para trabalhar na barraca do meu tio, visando fazer uma renda extra além do meu emprego. As laranjas nacionais eram nosso carro-chefe. E meu tio sempre dizia o seguinte: "Domingo é feira de marido". E por que ele dizia isso? Porque os maridos costumavam ir normalmente às feiras de domingo, desacompanhados das esposas e não tinham tanta noção dos preços praticados como as esposas que tinham o hábito de frequentar as feiras durante a semana. Então, a gente conseguia subir um pouquinho mais os preços.

Certa vez, em um final de semana, meu tio foi assistir uma partida de futebol e deixou a barraca comigo e meu primo. Para nossa surpresa, tivemos um dia de vendas excepcional, esgotando nosso estoque de laranja-pera sem a necessidade de reduzir os preços, uma dinâmica incomum para as feiras, onde normalmente se inicia com um preço e este vai sendo reduzido ao longo do dia para esgotar o produto.

Informamos meu tio de que havíamos vendido tudo sem precisar abaixar o preço. Ele ficou satisfeito, mas também intrigado com o que havia acontecido. No próximo final de semana, deixou-nos na barraca e foi tomar um café. Ao retornar, revelou: "Descobri o que aconteceu semana passada". Não havia outras barracas vendendo laranja-pera; nós éramos os únicos com o produto. Se ele estivesse na feira naquele dia, teria ajustado o preço para cima, aumentando nossa margem de lucro.

Meu tio sempre fazia uma ronda pela feira para observar o que os outros estavam vendendo e os preços praticados, ajustando os seus próprios preços com base nessas informações, ora aumentando, ora diminuindo.

Essa experiência ensinou-me duas lições cruciais: a importância de compreender a lei da oferta e demanda e a necessidade de observar a concorrência. A sabedoria comercial de meu tio, embora não formalizada em teorias de marketing modernas, era a aplicação prática desses conceitos. Ele me mostrou que, mesmo sem a formalização acadêmica, o instinto e a observação são ferramentas poderosas no comércio. Essa venda, embora bem-sucedida, poderia ter sido ainda mais lucrativa se aplicássemos as estratégias de marketing hoje amplamente conhecidas e estudadas.

Essa história, ambientada na simplicidade de uma feira livre, revelou-me a complexidade e a beleza das vendas. Aprendi que, independentemente da época ou do nível de formalização do conhecimento, as relações de mercado se mantêm consistentes. O que mudou ao longo dos anos foi a maneira como compreendemos e aplicamos essas relações em estratégias de vendas e marketing.

NOTAS DE FERNANDO VÍTOLO:

ORIENTAÇÕES PRÁTICAS:

- **Entenda a oferta e demanda:** Reconheça a importância de ajustar seus preços e estratégias de vendas com base na oferta e demanda do mercado. Uma compreensão clara desses conceitos pode ajudá-lo a maximizar os lucros sem comprometer o volume de vendas.

- **Observe a concorrência:** Faça análises regulares do mercado e de seus concorrentes. Entender o que os outros estão oferecendo e a que preço pode evocar *insights* valiosos para posicionar seus produtos ou serviços de forma competitiva.
- **Utilize o instinto comercial e a observação:** Mesmo na era digital, o instinto comercial e a capacidade de observar e reagir às mudanças do mercado são ferramentas valiosas. Desenvolva a habilidade de ler situações e adaptar estratégias em tempo real.

PARA REFLETIR:

De que maneira você pode aplicar as lições de oferta e demanda, juntamente com a observação da concorrência, em sua estratégia de vendas atual? Há oportunidades que você está perdendo por não ajustar seus preços ou ofertas com base nessas informações?

EXERCÍCIO PRÁTICO:

Análise de mercado e ajuste de estratégia

- **Mapeamento do mercado:** Selecione um produto ou serviço que você oferece. Faça um breve mapeamento do mercado para esse item específico, identificando seus principais concorrentes e a faixa de preço instaurada por eles.
- **Análise da oferta e demanda:** Avalie a atual oferta e demanda do produto ou serviço em questão. Identifique se há uma oportunidade de ajustar seu preço ou oferta baseada nessa análise.
- **Implementação de ajustes:** Com base na sua análise, faça um ajuste estratégico em seu preço ou oferta. Isso pode incluir aumentar o preço se você identificar uma demanda alta com pouca oferta ou criar uma oferta especial se perceber que a concorrência está forte.

- **Observação e ajuste:** Monitore os resultados dessa mudança ao longo de um período definido. Observe as reações do mercado e esteja pronto para fazer novos ajustes conforme necessário.

QUAL PILAR FOI MAIS EVIDENTE?

☐ CONECTAR ☐ ESCUTAR ☐ NEGOCIAR

QUAIS OS PONTOS DE OURO QUE VOCÊ PÔDE IDENTIFICAR?

____

____

____

____

____

CORRER E ATIRAR

MEKLER NUNES — *Educational Leader & Investor*

Em minha jornada como gestor de vendas, vivenciei uma infinidade de experiências, desde a formação de equipes até o treinamento e a difícil tarefa de tomar decisões sobre contratações e demissões. Essa vivência me proporcionou uma visão abrangente e detalhada do processo comercial, tanto em um contexto coletivo quanto individual. Uma história particularmente marcante e inesquecível ilustra um aprendizado valioso que transcende o ambiente de vendas.

Durante um processo seletivo para a equipe de vendas, em um período em que buscávamos candidatos dispostos a aprender, apesar da falta de experiência, um jovem candidato chamou minha atenção. Sem experiência prévia em vendas, sua trajetória até então havia sido nas Forças Armadas, onde serviu por cinco anos após o alistamento obrigatório. Apesar disso, ele estava determinado a se aventurar no mundo das vendas, atraído pela promessa de recompensas financeiras.

Curioso, questionei sobre suas habilidades e o que poderia trazer para o universo das vendas. Sua resposta, embora inesperada, foi reveladora: "Aprendi a correr e a atirar". Inicialmente confuso com a simplicidade de sua explicação, pedi que detalhasse. Ele descreveu como, no serviço militar, a corrida e o treinamento de tiro foram fundamentais, ensinando-lhe não apenas a rapidez e a agilidade, mas também a precisão e a assertividade.

"Para mim, trabalhar com vendas é simples: eu só preciso saber em qual direção correr e o que mirar. Eu vou correr, mirar e atirar", afirmou com confiança. Convencido por seu brilho nos olhos e motivação, decidi dar-lhe uma chance.

Essa decisão provou ser acertada. O jovem rapidamente se tornou um dos melhores vendedores da equipe, destacando-se por sua agilidade, assertividade e, acima de tudo, disciplina. Sem preconceitos ou uma formação tradicional em vendas, ele absorveu nosso treinamento com entusiasmo, executando cada tarefa com dedicação antes mesmo de questionar ou dar feedback. Sua atitude serviu de exemplo para toda a equipe.

NOTAS DE FERNANDO VÍTOLO:

ORIENTAÇÕES PRÁTICAS:

- **Valorize habilidades diversificadas:** Ao avaliar potenciais membros da equipe, considere não apenas a experiência direta em vendas, mas também habilidades e experiências de vida que podem ser transferidas para o ambiente de vendas, como disciplina, assertividade e capacidade de foco.
- **Foco e determinação:** Encoraje uma mentalidade que priorize o foco e a determinação. A capacidade de identificar claramente os objetivos (o que mirar) e agir de maneira decisiva e disciplinada (correr e atirar) é crucial para o sucesso em vendas.
- **Cultive a adaptabilidade:** Promova um ambiente onde a adaptabilidade seja valorizada. A disposição para aprender e se adaptar a novas estratégias e abordagens pode ser mais valiosa do que o conhecimento prévio em vendas.

PARA REFLETIR:

Em que aspectos da sua vida profissional ou pessoal você pode aplicar a mentalidade de "correr, mirar e atirar" para alcançar seus objetivos com mais eficácia?

EXERCÍCIO PRÁTICO:

Definição e ação em objetos de vendas

- **Identifique um objetivo:** Selecione um objetivo de vendas específico para o próximo mês. Pode ser aumentar sua taxa de conversão, alcançar um novo segmento de clientes ou melhorar a retenção de clientes existentes.

- **Planeje sua "corrida":** Determine as ações específicas que você precisa tomar para alcançar esse objetivo. Isso pode incluir aprimorar suas habilidades de comunicação, aprender mais sobre o produto ou serviço que está vendendo ou identificar potenciais clientes.
- **Mire com precisão:** Especifique os recursos, estratégias e ferramentas que ajudarão você a mirar no seu objetivo com precisão. Isso pode envolver o uso de CRM para gerenciar clientes potenciais, treinamentos para aprimorar suas habilidades ou a busca de feedback para ajustar suas técnicas de vendas.
- **"Atire":** Execute as ações planejadas com determinação e disciplina, mantendo o foco no seu objetivo. Avalie regularmente seu progresso e esteja pronto para ajustar sua mira conforme necessário para garantir que você esteja sempre no caminho certo para alcançar seu objetivo.

QUAL PILAR FOI MAIS EVIDENTE?

☐ CONECTAR ☐ ESCUTAR ☐ NEGOCIAR

QUAIS OS PONTOS DE OURO QUE VOCÊ PÔDE IDENTIFICAR?

____

____

____

____

____

____

____

O PROJETO CBN

NILO FRATESCHI JR. — Publicitário

Quando o projeto CBN foi implantado, foi preciso realizar uma venda interna, porque era um projeto inovador. A CBN foi a primeira rádio All News (somente jornalística), ainda mais quando foi para o FM. As rádios FM eram rádios musicais. Surpreendentemente, quando o projeto foi apresentado, haviam jornalistas que não acreditavam que uma rádio que transmitisse apenas notícias pudesse ter sucesso.

"Como assim? Uma rádio que só transmite notícias? Não vai tocar música? Isso não pode dar certo. Imagina!" Foi um período de venda não só para o mercado publicitário, mas também internamente, pois era um projeto inovador: uma rádio All News, 24 horas de notícia. Lembro que, em determinado momento, Heródoto Barbeiro, um dos que encabeçou o projeto CBN, em uma reunião, perguntou para todos os presentes: "Quem ouve AM?". Apenas uma pessoa levantou a mão. Nesse momento, ficou claro porque deveríamos migrar para o FM. Foi necessário convencer, fazer uma verdadeira venda interna, com profissionais que não acreditavam no projeto, mesmo que isso significasse abrir mais vagas de trabalho para jornalistas.

Mas logo eles entenderam a dimensão e a grandiosidade do projeto. No mercado publicitário, a aceitação foi gradual. Inicialmente, houve resistência, e a CBN ficou em quarto lugar de audiência, atrás de Jovem Pan, Bandeirantes e Eldorado.

Houve um episódio em que fomos surpreendidos com uma campanha de uma montadora e ficamos de fora. Fomos questionar o motivo de não incluírem a CBN no planejamento. Na época, eu e meu gerente, Gilberto Cláudio, fomos à agência e propusemos um desconto de 70%, argumentando que era importante ter a marca na nossa programação. A resposta foi: "Olha, o cliente não quer nem de graça". Ficamos de fora.

Tempos depois, fomos chamados para uma nova negociação com a mesma agência e montadora. Dessa vez, endurecemos na negociação e oferecemos um desconto de apenas 15%. Disseram: "Com esse desconto vocês vão ficar de fora". Argumentamos que já tínhamos ficado de fora anteriormente e sobrevivemos. Para nossa grata surpresa, o cliente pediu a inclusão da rádio e reconheceu a importância da CBN, solicitando que a agência a incluísse.

A marca CBN se consolidou como um produto vencedor, competindo com grandes concorrentes. Essa marca permaneceu forte por muitos anos e foi importante no planejamento comercial das agências.

NOTAS DE FERNANDO VÍTOLO:

ORIENTAÇÕES PRÁTICAS:

- **Venda internamente antes de vender externamente:** Quando você está introduzindo um projeto ou produto inovador, é crucial garantir o apoio e a confiança da sua própria equipe antes de levá-lo ao mercado. A credibilidade interna fortalece a mensagem que será passada para os clientes e o mercado. Se sua equipe acredita na ideia, ela será sua primeira defensora e irá transmiti-la com convicção.
- **Persistência diante da resistência:** Nem sempre a aceitação será imediata, especialmente em mercados tradicionais ou em situações em que a mudança é significativa. Persistir, adaptar-se e continuar promovendo os valores do seu projeto são chaves para superar as barreiras iniciais e conquistar espaço no mercado.
- **Valorize seu produto mesmo em situações difíceis:** Mesmo quando enfrentar rejeições, não subestime o valor do seu produto ou serviço. Em vez de ceder a descontos agressivos que possam

desvalorizar sua marca, mantenha a confiança na qualidade e importância do que você oferece. Clientes que reconhecem esse valor acabarão retornando.

PARA REFLETIR:

Você está preparado para defender o valor do seu produto, mesmo quando enfrenta resistência, tanto interna quanto externamente?

EXERCÍCIO PRÁTICO:

Escolha um projeto ou produto que você está promovendo atualmente e avalie se ele possui total apoio dentro da sua equipe. Identifique possíveis resistências e trabalhe para transformar esses desafios em oportunidades de fortalecimento interno. Em seguida, leve essa confiança para suas negociações externas, mantendo a convicção no valor que você oferece, mesmo diante de pressões para concessões.

QUAL PILAR FOI MAIS EVIDENTE?

☐ CONECTAR ☐ ESCUTAR ☐ NEGOCIAR

QUAIS OS PONTOS DE OURO QUE VOCÊ PÔDE IDENTIFICAR?

____

____

____

____

____

ROMPENDO O CICLO DA MISÉRIA

NILO RONDELLI — Supervisor de vendas da Procter & Gamble

No início da minha jornada na P&G, logo após um rigoroso processo seletivo e um ano de treinamento intensivo, estava pronto para encarar o mundo real das vendas. A P&G, conhecida por selecionar talentos de instituições renomadas como USP, Unicamp e FGV, me proporcionou uma formação abrangente em técnicas de vendas, culminando no "college de vendas", uma semana de prática intensiva e análise.

Com a confiança elevada pela minha aparente superioridade no treinamento, confrontei meu primeiro desafio profissional. Minha missão era negociar uma carreta de produtos da P&G com um atacadista na região de Ribeirão Preto. Porém, a resposta do cliente foi um teste para o qual eu não estava preparado. Ele me disse: "Olha, eu sei que você está começando agora, mas a proposta não é importante para a gente. Na realidade, nem somos relevantes para a P&G nem a P&G é importante para nós. Vamos fazer o seguinte: vamos parar de fazer negócio."

Diante dessa adversidade, busquei manter a calma e respondi: "Entendo e concordo com você. Estamos na mesma página: você está frustrado com o nível que os negócios estão, e eu também estou. Nem todo mundo acredita em segunda chance, mas todos acreditam na primeira. Então, por favor, me dê pelo menos uma chance de tentar fazer esse negócio crescer."

Expliquei que talvez não estivéssemos crescendo porque estávamos pensando pequeno e propus um plano ambicioso: "Vamos romper esse ciclo da miséria. Acredito que podemos fazer mais. Que tal, em vez de uma carreta, negociarmos quatro?" Surpreendentemente, ele aceitou, marcando o início de uma parceria duradoura.

Essa experiência inicial me ensinou sobre a importância da humildade, flexibilidade e autenticidade. Aprendi que, além das técnicas, é crucial estabelecer uma conexão verdadeira com o cliente, reconhecendo suas necessidades e colaborando para um objetivo comum. Esse encontro me mostrou que a sinceridade e a disposição para pensar além são tão importantes quanto as habilidades de vendas na construção de relações comerciais bem-sucedidas.

NOTAS DE FERNANDO VÍTOLO:

ORIENTAÇÕES PRÁTICAS:

- **Humildade no aprendizado:** Entenda que, independentemente do seu treinamento ou formação, sempre haverá desafios inesperados e lições a serem aprendidas na prática. Aborde cada situação de vendas com a mente aberta, disposto a aprender tanto quanto a ensinar.
- **Resiliência em vendas:** Desenvolva a resiliência para enfrentar rejeições e feedback negativo de forma construtiva. Veja cada "não" como uma oportunidade para refinar sua abordagem e melhorar suas habilidades de vendas.
- **Inovação na solução de problemas:** Incorpore a inovação ao resolver os problemas dos clientes. Não tenha medo de propor soluções criativas e fora do padrão que possam beneficiar ambas as partes, mesmo que isso signifique quebrar convenções do seu setor.

PARA REFLETIR:

De que maneira a incorporação de escuta ativa, resiliência e inovação na solução de problemas pode transformar um desafio de vendas em uma oportunidade de crescimento tanto para você quanto para o seu cliente?

EXERCÍCIO PRÁTICO:

- **Diálogo com feedback:** Escolha um cliente (real ou fictício) com quem você tenha tido dificuldades em fechar vendas ou estabelecer uma conexão significativa. Imagine um cenário onde você retorna a esse cliente com uma abordagem baseada em humildade, flexibilidade, e autenticidade. Escreva um diálogo simulado entre você e o cliente no qual você:
  1. Reconhece abertamente qualquer falha ou mal-entendido passado.
  2. Propõe uma nova abordagem ou solução adaptada às necessidades específicas do cliente.
  3. Pede feedback diretamente ao cliente sobre essa nova proposta, demonstrando abertura para adaptações conforme a perspectiva dele.

QUAL PILAR FOI MAIS EVIDENTE?

☐ CONECTAR ☐ ESCUTAR ☐ NEGOCIAR

QUAIS OS PONTOS DE OURO QUE VOCÊ PÔDE IDENTIFICAR?

O TROCO EM CARTÕES

PASCHOAL DEL MATTO FILHO — CEO na Chocolates Montblanc

Dentre as muitas histórias que vivenciei na área de vendas, existe uma particularmente memorável que gostaria de compartilhar. Aconteceu nos meus primeiros dias como vendedor, quando ainda estava me familiarizando com o campo e aflorando meu espírito comercial. Na época, eu representava uma multinacional reconhecida, a Nestlé.

Fui designado para visitar um novo cliente, que embora já conhecesse o produto, não me conhecia pessoalmente. Cheio de entusiasmo, cheguei ao seu estabelecimento e me apresentei: "Sou o Paschoal, seu novo vendedor da Nestlé." Estendi-lhe meu cartão de visitas, esperando uma recepção cordial. No entanto, a resposta que recebi foi tudo, menos amigável. Visivelmente irritado, ele pegou meu cartão e, sem mais delongas, rasgou bem diante dos meus olhos.

A frustração fervilhou dentro de mim, mas busquei manter a calma, respirando fundo e contando até dez. Foi quando, inspirado por um impulso que nem eu sabia de onde vinha, questionei-o sobre o custo de cada cartão que ele acabara de descartar. Surpreso com a pergunta, ele quis saber o valor. Eu respondi com um valor simbólico, dizendo que cada cartão custava 1 real. Sem hesitar, ele abriu a gaveta, retirou 5 reais e me entregou, dizendo: "Tá pago, vai embora."

Com um toque de ousadia, peguei quatro cartões, devolvi-os a ele como "troco" e disse: "Aqui está o seu troco, em cartões." Aquela cena inesperada o fez sorrir, quebrando o gelo entre nós. "Gostei de você", disse ele, convidando-me a sentar. Pediu desculpas pelo comportamento anterior, explicando que havia acabado de receber uma notícia perturbadora e que eu chegara em um momento complicado. Sua franqueza abriu caminho para uma conversa mais amena, com a qual pudemos nos conhecer melhor.

Incrivelmente, daquela reunião, que começou sob tensão, emergiu um pedido de R$80.000 – uma venda que eu jamais imaginaria realizar sob aquelas circunstâncias.

Essa experiência deixou uma marca indelével em minha carreira, ensinando-me que, no mundo das vendas, nunca se deve desistir facilmente. Mesmo nas situações mais desafiadoras, há sempre espaço para recomeçar e reconquistar o cliente. Foi uma lição valiosa sobre persistência, criatividade e a importância de manter a calma diante do inesperado.

NOTAS DE FERNANDO VÍTOLO:

ORIENTAÇÕES PRÁTICAS:

- **Mantenha a calma frente ao inesperado:** Enfrentar rejeições ou comportamentos negativos dos clientes pode ser desanimador, mas manter a calma e a compostura é essencial. Responder com paciência e empatia pode transformar situações adversas em oportunidades.
- **Seja criativo na solução de problemas:** A criatividade pode ser sua maior aliada nas vendas. Encontrar maneiras inovadoras de abordar ou resolver um conflito pode surpreender positivamente o cliente e abrir portas para novas possibilidades.
- **Persista sempre:** Não desista facilmente diante de desafios. A persistência, combinada com uma abordagem positiva e respeitosa, pode converter situações difíceis em vendas bem-sucedidas e relações duradouras com os clientes.

PARA REFLETIR:

Você já enfrentou uma situação em que teve que manter a calma e ser criativo para transformar uma potencial rejeição em uma oportunidade de venda? Como essa experiência influenciou seu modo de abordar desafios similares no futuro?

EXERCÍCIO PRÁTICO:

Simulação de situação desafiadora

- **Identificação:** Pense em uma situação desafiadora recente que você enfrentou em vendas ou no atendimento ao cliente, na qual a conversa não saiu como planejado inicialmente.
- **Análise e planejamento:** Reflita sobre como você respondeu naquela ocasião. Agora, imagine uma abordagem alternativa, utilizando criatividade e calma para lidar com a situação de maneira diferente. Escreva um breve roteiro dessa nova abordagem.
- **Implementação:** Na próxima vez que enfrentar um desafio ou rejeição semelhante, tente aplicar a abordagem alternativa que você planejou. Observe atentamente a reação do cliente e o impacto dessa nova estratégia nas negociações.

QUAL PILAR FOI MAIS EVIDENTE?

☐ CONECTAR ☐ ESCUTAR ☐ NEGOCIAR

QUAIS OS PONTOS DE OURO QUE VOCÊ PÔDE IDENTIFICAR?

NEGOCIANDO COM FIRMEZA

Paulo Bernardino — Gerente de Sustentabilidade e Marketing

Ao longo da nossa jornada, alguns aprendizados só são alcançados na prática, vivenciando as relações com o mercado. O caso aconteceu numa indústria de embalagens na Holanda entre 2010 e 2015. O ambiente de negócios era B2B.

Em uma reunião comercial com o cliente, o diretor comercial e eu estávamos negociando um pacote de exportação com o *leadbuyer* (diretor de suprimentos) da indústria. O pacote envolvia condições comerciais, quantidades, qualidade do produto e prazos de entrega. O cliente impunha certas condições para fechar o contrato de venda que nós rejeitávamos e vice-versa. A situação foi ficando tensa, o cliente foi crescendo para cima da gente.

No auge da discussão, o *leadbuyer* bateu com as duas mãos na mesa, energicamente, levantou e disse que, se fosse assim, não teria mais negócio. Após uns 15 segundos de silêncio, para minha surpresa, o nosso diretor comercial também bateu forte com as duas mãos na mesa, levantou e disse que não seguiria com a conversa naqueles termos. Fiquei pasmo e calado diante daquela situação constrangedora.

Depois de um café e água para descomprimir e acalmar os ânimos, a reunião foi retomada e o contrato acabou sendo fechado em bom termo para ambas as empresas.

Quando saímos da reunião com o cliente, perguntei ao diretor: "Cara! O que foi aquilo? E na casa deles? Você pirou?" Aí vem a resposta com o aprendizado: "Se uma das partes se sobressai na negociação, então ela não é boa, porque uma ganha e a outra perde. Você pode responder da mesma forma se você estiver seguro de que, tanto um quanto o outro, ainda podem ceder algumas polegadas para fechar um bom negócio."

Durante a jornada no mercado fui bombardeado com a máxima "sempre estenda o tapete vermelho para o cliente, afinal, ele é a estrela!" Mas na prática do B2B, não funciona bem assim.

NOTAS DE FERNANDO VÍTOLO:

ORIENTAÇÕES PRÁTICAS:

- **Equilíbrio nas negociações:** Mantenha sempre o equilíbrio durante as negociações. Um bom negócio é aquele em que ambas as partes sentem que ganharam algo de valor. O famoso "Ganha X, Ganha ou nada feito" como diz Stephen Covey em seu livro "Os 7 hábitos das pessoas altamente eficazes". A assertividade deve ser equilibrada com a flexibilidade para garantir que ambos os lados saiam satisfeitos.
- **Assertividade respeitosa:** Não tenha medo de ser assertivo em suas posições, especialmente quando a outra parte tenta impor

condições desfavoráveis. No entanto, essa assertividade deve sempre vir acompanhada de respeito mútuo e disposição para encontrar um terreno comum.

- **Preparação para ceder:** Esteja preparado para ceder em alguns pontos, desde que isso não comprometa os aspectos cruciais do acordo para sua empresa. Saber até onde você pode ser flexível é essencial para negociar efetivamente.

PARA REFLETIR:

Você já esteve em uma situação de negociação onde teve que equilibrar assertividade e flexibilidade? Como você gerenciou essa dinâmica e quais foram os resultados? Você teria a mesma atitude do diretor comercial e reagiria da mesma maneira que o *leadbuyer*? Posturas como essas ainda são frequentes no mercado? Será que podemos fazer diferente?

Acompanhe o Instituto Economia ao Natural fundado por Roberto Tranjan. A proposta é que o modelo de economia que temos hoje já não funciona mais e precisamos de uma coisa nova, mais "ao natural". Nossas negociações também poderiam ser assim, mais naturais. Que tal?

EXERCÍCIO PRÁTICO:

Simulação de negociação

Escolha um colega de trabalho ou um amigo para realizar uma simulação de negociação. Defina um cenário de negócio B2B, em que ambos tenham interesses opostos em determinadas condições do contrato, semelhante à história compartilhada. Durante a simulação, pratique ser assertivo em suas demandas enquanto permanece aberto a ceder em pontos menos críticos. Após a simulação, discutam sobre os momentos de tensão, como lidaram com eles e o que aprenderam sobre equilibrar assertividade e flexibilidade.

Esse exercício visa aprimorar suas habilidades de negociação, ensinando a importância de manter um equilíbrio entre ser firme em suas posições e flexível o suficiente para alcançar um acordo benéfico para ambas as partes.

QUAL PILAR FOI MAIS EVIDENTE?

☐ CONECTAR ☐ ESCUTAR ☐ NEGOCIAR

QUAIS OS PONTOS DE OURO QUE VOCÊ PÔDE IDENTIFICAR?

____

____

____

____

____

____

____

____

____

A ESSÊNCIA DA VENDA DE SERVIÇOS

PAULO FERREIRA — Preparador de Palestrantes e Fundador da StoryTalks

No universo da venda de serviços, a eficácia não se mede pela quantidade de informações que se transmite, mas pela precisão em atender às necessidades reais do cliente. Essa percepção, aparentemente simples, demanda uma habilidade crucial: a capacidade de ouvir. De fato, a essência da venda de serviços reside menos no que se fala e mais no que se ouve.

Durante minha trajetória como consultor e mentor, aprendi que, muitas vezes, o que o cliente diz querer não reflete exatamente o que ele precisa. Essa discrepância entre desejo e necessidade torna o ato de ouvir uma ferramenta poderosa. A pergunta "Como posso te ajudar?" deve ser colocada o quanto antes no diálogo, abrindo espaço para que o cliente compartilhe seus verdadeiros anseios, muitos dos quais podem estar implícitos ou mesmo ocultos em suas palavras.

Na prática, constatei que dedicar tempo a entender o problema do cliente é mais valioso do que apresentar uma extensa lista de serviços. Focar em soluções relevantes, em vez de sobrecarregar o cliente com opções desnecessárias, otimiza o tempo de ambos e direciona a conversa para resultados mais efetivos.

Além de ouvir atentamente, outro aspecto crítico na venda de serviços é a análise do que é solicitado pelo cliente. Como especialista, tenho a responsabilidade de avaliar se o pedido atende realmente à raiz do problema. Entregar exatamente o que foi pedido, sem considerar sua eficácia, é um erro comum que pode minar a confiança no serviço prestado.

A precificação correta emerge como um desafio significativo nesse contexto. Definir um preço que cubra os custos e seja justo tanto para o prestador quanto para o cliente é vital. É essencial conhecer o preço ideal de venda e o mínimo aceitável para não transformar cada transação em uma derrota financeira e operacional.

Adicionalmente, é fundamental assegurar que as condições de entrega estejam alinhadas ao preço estabelecido. Mudanças nessas condições podem erodir o valor da proposta inicial, transformando um acordo aparentemente vantajoso em um compromisso insustentável.

Esse equilíbrio delicado entre ouvir, analisar e precificar demanda uma cooperação estreita entre as equipes de venda e de entrega. Quando essas funções operam de maneira isolada, o risco de comprometer a qualidade e a viabilidade da entrega aumenta. Portanto, garantir que as propostas de venda respeitem os limites operacionais e sejam validadas pela equipe de entrega é crucial para o sucesso sustentável do serviço.

Resumindo, a arte da venda de serviços transcende a mera transação comercial. Ela se fundamenta em uma compreensão profunda das necessidades do cliente, uma precificação estratégica e uma entrega alinhada às expectativas. A sinergia entre ouvir ativamente e entregar soluções verdadeiramente eficazes é o que define o sucesso duradouro nesse campo desafiador.

NOTAS DE FERNANDO VÍTOLO:

ORIENTAÇÕES PRÁTICAS:

- **Priorize a escuta ativa:** Faça da escuta ativa o pilar da sua interação com o cliente. Antes de propor soluções, dedique tempo suficiente para entender realmente os problemas, desejos e necessidades do cliente, indo além do que é expresso verbalmente.
- **Analise criticamente as solicitações:** Avalie se o que o cliente está pedindo é, de fato, a solução mais eficaz para o seu problema. Como especialista, você tem a responsabilidade de orientar o cliente para soluções que atendam às suas necessidades

fundamentais, mesmo que isso signifique recomendar um caminho diferente do solicitado inicialmente.

- **Estabeleça uma precificação justa e condições de entrega:** Desenvolva uma estratégia de precificação que seja justa para ambas as partes e assegure que as condições de entrega estejam claramente alinhadas ao preço estabelecido. Isso inclui estar ciente do preço ideal de venda e do mínimo aceitável para garantir a viabilidade do serviço.

PARA REFLETIR:

Como você equilibra a necessidade de estabelecer um preço justo e competitivo para seus serviços sem comprometer a qualidade ou o valor percebido pelo cliente? Reflita sobre as estratégias que você utiliza para definir preços que não apenas cubram seus custos e gerem lucro, mas também reflitam o valor real e tangível que você está oferecendo ao cliente. Como essas estratégias impactam a percepção de valor do seu serviço no longo prazo?

EXERCÍCIO PRÁTICO:

Mapeamento de necessidades do cliente

- **Seleção de um cliente recente:** Escolha um cliente com quem você trabalhou recentemente ou está atualmente em negociação.
- **Exercício de escuta:** Revisite suas interações com esse cliente, prestando atenção especial às suas expressões de necessidades e desejos. Anote pontos-chave que indicam tanto suas solicitações explícitas quanto as implícitas ou não ditas.
- **Análise crítica:** Com base nessas notas, avalie se a solução proposta inicialmente (por você ou pelo cliente) atende realmente à raiz do problema. Considere se existe uma solução alternativa ou complementar que possa ser mais eficaz.

- **Plano de ação:** Desenvolva um breve plano de ação para abordar essas necessidades de maneira mais eficaz, incluindo uma estratégia de comunicação para apresentar suas recomendações ao cliente. Esse plano deve contemplar uma precificação justa e condições de entrega claras, assegurando a viabilidade e qualidade do serviço.

QUAL PILAR FOI MAIS EVIDENTE?

☐ CONECTAR ☐ ESCUTAR ☐ NEGOCIAR

QUAIS OS PONTOS DE OURO QUE VOCÊ PÔDE IDENTIFICAR?

____

____

____

____

____

____

____

O INÍCIO DA MTV NO BRASIL

Ricardo Côrte Real — Ator, músico e publicitário

Em 1990, aceitei um desafio empolgante e transformador: fui contratado como gerente comercial pela MTV Brasil, que estava prestes a ser lançada em outubro daquele ano. O objetivo era ambicioso: vender cinco cotas de patrocínio fundador, cada uma avaliada em aproximadamente $500.000 (são dólares mesmo). A equipe anterior, composta por profissionais da Editora Abril, enfrentava dificuldades em concretizar essas vendas, apesar de seus esforços e expertise.

Sob minha liderança, e com um prazo apertado de dois meses, conseguimos comercializar quatro das cinco cotas, trazendo marcas de peso como Skol e Bamerindus para o portfólio da MTV. Restava, no entanto, vender a última cota, e a Nestlé era o alvo. Apesar de várias tentativas, o diretor da Nestlé, Avelar, permanecia hesitante, não vendo claramente o valor da proposta.

Marcar uma reunião com Avelar revelou-se um desafio considerável. Após inúmeras tentativas sem sucesso de agendar um encontro, finalmente consegui contato telefônico com ele, apenas para descobrir que estava a caminho do aeroporto para uma viagem. Aproveitando a oportunidade, ofereci-me para acompanhá-lo ao aeroporto. Durante o trajeto, teria a chance de explicar a proposta detalhadamente. No carro, expus os argumentos do motivo pelo qual a Nestlé deveria se juntar aos patrocinadores fundadores, destacando a visão inovadora e o impacto futuro da MTV no público jovem. Minha persistência e capacidade de explicar o conceito inovador da MTV, numa época em que a TV a cabo ainda engatinhava no Brasil, convenceram Avelar.

O sucesso dessa negociação não apenas assegurou o patrocínio da Nestlé mas também marcou um ponto de virada para a MTV Brasil e para minha carreira. No lançamento, em 20 de outubro, a MTV não só contava com os cinco patrocinadores fundadores mas também tinha um portfólio robusto de comerciais avulsos, provando ser um sucesso desde o início. Essa experiência, rica em aprendizados e conquistas, evidencia a importância da determinação, da visão estratégica e da habilidade de comunicar efetivamente o valor de um produto inovador.

NOTAS DE FERNANDO VÍTOLO:

ORIENTAÇÕES PRÁTICAS:

- **Persistência e flexibilidade:** A determinação de Ricardo em garantir uma reunião com o diretor da Nestlé, mesmo sob circunstâncias desafiadoras, enfatiza a importância da persistência. Ser flexível e criativo na abordagem pode abrir portas que pareciam fechadas.
- **Comunicação do valor:** A habilidade de comunicar claramente o valor do seu produto ou serviço, especialmente quando é algo inovador, é crucial. Ricardo conseguiu transmitir a visão e o potencial impacto da MTV, uma lição importante sobre como vender ideias grandes e novas.
- **Aproveitar oportunidades únicas:** A decisão de aproveitar uma carona para apresentar a proposta mostra a importância de utilizar todas as oportunidades para fazer uma venda. Em vendas, a inovação na abordagem pode ser tão importante quanto o produto em si.

PARA REFLETIR:

Como você pode aplicar a mesma determinação e criatividade na sua abordagem de vendas para superar obstáculos e alcançar seus objetivos?

EXERCÍCIO PRÁTICO:

Apresentação de elevador inovadora

Imagine que você tem a oportunidade de apresentar seu produto ou serviço a um potencial investidor ou cliente-chave durante uma viagem curta, similar à carona ao aeroporto.

Escreva um roteiro breve para essa apresentação, limitando-a de 3 a 5 minutos. Concentre-se em comunicar o valor único do seu produto/serviço, por que ele é inovador, e por que o momento é ideal para o investimento ou compra.

Pratique essa apresentação com um colega ou amigo, pedindo feedback sobre clareza, persuasão e entusiasmo transmitido.

QUAL PILAR FOI MAIS EVIDENTE?

☐ CONECTAR ☐ ESCUTAR ☐ NEGOCIAR

QUAIS OS PONTOS DE OURO QUE VOCÊ PÔDE IDENTIFICAR?

OFERTA IRRECUSÁVEL

Roberto Mangraviti (In Memoriam) — Diretor do Portal SustentaHabilidade

Há cerca de 30 anos, em um dos meus primeiros projetos no setor da construção civil, enfrentei um desafio que se tornaria uma das histórias mais marcantes da minha carreira. A missão era reformar o estacionamento de um renomado shopping center em São Paulo. Embora nosso contrato fosse diretamente com o estacionamento, a fiscalização do trabalho ficava a cargo da administração do shopping, que desconhecia nossa reputação e qualidade.

Durante a execução da obra, percebi que a fiscalização estava sendo particularmente rigorosa, um reflexo da falta de familiaridade com o nosso trabalho. Sentindo que as exigências estavam além do razoável, decidi abordar o gerente de manutenção do shopping para expressar minha preocupação, defendendo a idoneidade e a competência da nossa empresa.

Apesar da conversa amigável, o gerente manteve a postura de que as normas de segurança e qualidade eram inegociáveis. Foi então que propus um desafio: realizar um serviço adicional dentro do próprio shopping, que nos permitisse demonstrar nossa capacidade e qualidade de trabalho. O gerente aceitou, sugerindo a reforma de um banheiro feminino, especificamente o acabamento e a pintura laqueada das portas, um trabalho que exigia atenção aos detalhes e um acabamento de alta qualidade.

Ofereci um preço irresistível e prometi uma entrega para o dia seguinte. Com um prazo tão apertado, mobilizei uma equipe para trabalhar noite adentro, garantindo que o serviço fosse concluído com excelência. O resultado foi além das expectativas, e a satisfação do gerente abriu as portas para uma longa e frutífera parceria com o shopping, transformando-nos em fornecedores de confiança por muitos anos.

Esse projeto não apenas solidificou nossa presença como prestadores de serviços dentro do shopping, mas também nos levou a trabalhar diretamente para os proprietários em projetos pessoais, estendendo nossa relação de confiança e qualidade além do ambiente profissional.

Essa experiência reforçou uma lição vital: a importância da proatividade e da capacidade de superar expectativas para construir relações duradouras com os clientes. Demonstrou que, mesmo diante de desconfianças iniciais, a qualidade do trabalho e a determinação em exceder as expectativas podem estabelecer uma base sólida de confiança e fidelização.

NOTAS DE FERNANDO VÍTOLO:

ORIENTAÇÕES PRÁTICAS:

- **Exceda as expectativas:** Sempre busque oportunidades para demonstrar a qualidade do seu trabalho, mesmo que isso signifique oferecer mais do que foi inicialmente acordado. Exceder as expectativas não só surpreende positivamente o cliente, mas também estabelece um padrão de excelência para o futuro.
- **Seja proativo na solução de desafios:** Diante de situações desafiadoras ou de dúvidas sobre sua capacidade, não hesite em tomar a iniciativa para provar seu valor. Propor soluções criativas e demonstrar sua competência através de ações tangíveis pode transformar potenciais obstáculos em oportunidades.
- **Construa relações duradouras baseadas na confiança:** A confiança é a fundação de qualquer relacionamento comercial de longo prazo. Trabalhe consistentemente para construir e manter essa confiança, superando as expectativas e entregando resultados de alta qualidade.

PARA REFLETIR:

Você já enfrentou uma situação em que teve que provar a qualidade do seu trabalho ou a idoneidade da sua empresa? Como você abordou essa situação e quais foram os resultados?

EXERCÍCIO PRÁTICO:

Plano de ação para construir confiança

- **Identifique um cliente potencial ou atual:** Selecione um cliente com quem você deseja fortalecer seu relacionamento ou conquistar confiança adicional.
- **Desenvolva uma proposta de valor extra:** Pense em um pequeno projeto, serviço adicional ou iniciativa que você possa oferecer a esse cliente, algo que não apenas atenda às necessidades imediatas, mas que também demonstre proativamente a qualidade e o valor do seu trabalho. Isso pode ser algo tão simples quanto uma consultoria adicional gratuita, um *upgrade* em um serviço existente ou a entrega de um relatório detalhado de *insights* que beneficie o negócio do cliente.
- **Implemente e avalie:** Execute sua proposta de valor extra e, após a conclusão, avalie a reação do cliente. Isso não apenas pode solidificar sua relação atual, mas também abrir portas para futuras oportunidades de negócios.

QUAL PILAR FOI MAIS EVIDENTE?

☐ CONECTAR ☐ ESCUTAR ☐ NEGOCIAR

QUAIS OS PONTOS DE OURO QUE VOCÊ PÔDE IDENTIFICAR?

____

____

____

____

____

____

VENDER É ACREDITAR JUNTO

SANDRA CAMPOS — Coloridora de Vidas na Futura Tintas

Na Futura, a gente acredita em um jeito de vender que é muito diferente de simplesmente tirar pedido. E eu posso dizer isso com toda a certeza porque já vivi na pele. Ou melhor: no coração.

A história que eu vou contar aconteceu mais de uma vez. Mas teve um caso em especial que marcou muito a nossa equipe, e que carrego comigo até hoje como exemplo do que é vender de verdade.

Era um cliente antigo, de muitos anos, que sempre foi muito parceiro. Um pai que criou o negócio com muito esforço e envolveu os quatro filhos na empresa. A gente conhecia aquela família, via de perto o quanto eles batalhavam. Só que, com o tempo, ele começou a enfrentar dificuldades financeiras cada vez mais sérias. Chegou a um ponto crítico. Pertinho de quebrar.

Qualquer empresa, diante de um cenário assim, teria cortado o crédito. Afinal, estamos falando de uma dívida que já era bem grande. Mas a gente olhou para ele de outro jeito. A gente não viu um CNPJ em crise. A gente viu uma história. Um homem. Uma família.

E decidimos agir com o que acreditamos: vender é caminhar junto, mesmo quando a estrada aperta.

Fechamos um acordo para parcelar toda a dívida acumulada em 60 meses — cinco anos. E, mais do que isso, continuamos fornecendo os produtos e ajudando ativamente na reconstrução do negócio. A gente não largou a mão.

Cinco anos depois, no dia em que ele pagou a última parcela, a gente comemorou. Com bolo, com equipe reunida, com lágrimas nos olhos. Aquilo foi muito mais do que encerrar uma dívida. Foi celebrar uma escolha humana num mundo onde tudo parece ser só número.

Hoje, essa parceria já dura mais de 25 anos. E, depois de tudo o que vivemos, eu tenho certeza: ainda tem muito chão pela frente.

Para mim, isso é vender. É criar laços, não apenas laçar metas. É construir uma ponte quando muitos estariam cavando um buraco.

Porque quando a gente escolhe acreditar junto, o tempo vira aliado — e o cliente vira parceiro para vida toda.

NOTAS DE FERNANDO VÍTOLO:

ORIENTAÇÕES PRÁTICAS:

- **Não veja só um CNPJ — enxergue a história:** Todo cliente tem uma jornada. Quando você vende, está se conectando com uma pessoa, não com uma planilha. Identifique o contexto, escute com atenção e entenda quem está do outro lado.
- **Vender é caminhar junto:** Nos momentos difíceis, você pode escolher cortar ou construir. O vendedor que permanece quando tudo parece ruir, colhe fidelidade quando tudo volta a florescer. Lealdade não se compra — se conquista.
- **Confiança também é um produto:** Quando a Futura Tintas estendeu a mão, ela não estava só vendendo tinta. Ela estava

vendendo confiança, parceria e compromisso. E esse tipo de venda não tem concorrência.

PARA REFLETIR:

Você está construindo pontes ou apenas fechando boletos? Muita gente vende para resolver o mês. Poucos vendem pensando em anos. Que tipo de vendedor você quer ser?

EXERCÍCIO PRÁTICO:

Revise sua carteira de clientes. Escolha um que esteja afastado ou passando por dificuldades. Mande uma mensagem genuína perguntando como ele está — sem vender nada. Só pergunte.

Depois anote: como ele reagiu? O que isso gerou? Às vezes, uma venda começa quando você simplesmente se importa.

QUAL PILAR FOI MAIS EVIDENTE?

☐ CONECTAR ☐ ESCUTAR ☐ NEGOCIAR

QUAIS OS PONTOS DE OURO QUE VOCÊ PÔDE IDENTIFICAR?

____

____

____

____

____

____

A NÃO VENDA

Shailon Ian — Vinci Aeronáutica

No início da Vinci Aeronáutica, há oito anos, eu estava completamente imerso na indústria aeronáutica, empregando minhas habilidades de vendas em consultoria e na compra e venda de aeronaves. Foi nesse contexto que consegui agendar uma reunião com o proprietário de uma usina de cana-de-açúcar interessado em adquirir um avião próprio, já que possuía um em sociedade e desejava algo exclusivo para si.

Nos encontramos na Faria Lima, e por quase duas horas, discutimos sobre aviação, compartilhamos histórias e exploramos as possibilidades. Surpreendentemente, ao final do encontro, eu o havia convencido a não comprar uma nova aeronave. Ao se despedir, ele me questionou, meio que em tom de brincadeira, se eu realmente estava na área certa, destacando que estava pronto para comprar até que eu, paradoxalmente, o dissuadi da ideia.

Sua observação, "Você me convenceu a não comprar um avião novo. Se continuar assim, acho que vai ter dificuldade para faturar," me fez refletir sobre minha abordagem e trajetória profissional. Essa experiência revelou-me uma faceta inesperada das vendas: às vezes, o sucesso não está em concretizar uma venda, mas em entender e respeitar verdadeiramente as necessidades do cliente. Foi um ponto de virada, me levando a abandonar as vendas de aeronaves para me concentrar no segmento de inspeção aeronáutica, área na qual atuo até hoje. Essa história não apenas marcou uma transição significativa na minha carreira, mas também reforçou uma valiosa lição sobre integridade e autenticidade no mundo das vendas.

NOTAS DE FERNANDO VÍTOLO:

ORIENTAÇÕES PRÁTICAS:

- **Desenvolva uma compreensão profunda das necessidades:** Antes de qualquer tentativa de venda, invista tempo para descobrir o que seu cliente realmente precisa, quais são seus objetivos, desafios e preocupações. Use perguntas abertas para encorajar o cliente a compartilhar informações detalhadas, permitindo que você adapte sua solução de forma mais eficaz às suas necessidades específicas.
- **Valorize a integridade acima das vendas:** Às vezes, a melhor venda é aquela que você não faz. Se perceber que o produto ou serviço não é o melhor para o cliente no momento, seja honesto. Essa abordagem constrói confiança e pode levar a relações de longo prazo mais valiosas e a recomendações positivas.
- **Adapte-se e evolua:** Esteja aberto a reavaliar sua trajetória profissional e o foco do seu negócio com base nas interações com clientes. O feedback e as experiências durante o processo de vendas podem revelar novos caminhos e oportunidades de especialização que estejam mais em sintonia com suas paixões e as necessidades do mercado.

PARA REFLETIR:

Como sua abordagem atual em vendas reflete seu compromisso em atender às verdadeiras necessidades do cliente, mesmo que isso signifique recomendar uma solução que você não oferece?

EXERCÍCIO PRÁTICO:

Revisão de abordagem de vendas

Faça uma lista de todas as vendas ou consultas de vendas que você realizou nos últimos três meses. Ao lado de cada uma, anote se você focou nas necessidades do cliente ou se priorizou o fechamento da venda, independentemente de ser a melhor solução para o cliente.

Identifique pelo menos uma situação em que você poderia ter oferecido uma solução mais alinhada com as necessidades do cliente, mesmo que isso significasse não realizar a venda. Reflita sobre como essa abordagem poderia ter impactado a relação de longo prazo com o cliente.

A partir dessa reflexão, estabeleça um objetivo para as próximas consultas de vendas: dedicar um tempo maior para entender as necessidades do cliente, mesmo que isso leve a recomendar soluções fora do seu portfólio de produtos ou serviços. Registre os resultados dessa abordagem e avalie seu impacto no relacionamento com o cliente e na percepção da sua marca ou serviço.

QUAL PILAR FOI MAIS EVIDENTE?

☐ CONECTAR ☐ ESCUTAR ☐ NEGOCIAR

QUAIS OS PONTOS DE OURO QUE VOCÊ PÔDE IDENTIFICAR?

NUNCA DESISTA

Shirley Bernardo Faustino Barduco — Biomédica e Empresária

Em um mercado altamente competitivo, nossa empresa de serviços de TI havia conquistado um significativo aumento de contratos com uma renomada operadora de telecomunicações. Esse sucesso não passou despercebido, atraindo a atenção de concorrentes e, possivelmente, de outros gestores dentro da própria telecom. Diante desse cenário, a operadora decidiu promover uma concorrência, na qual o critério de seleção seria o menor preço oferecido.

Conscientes da qualidade superior e do custo mais elevado de nossos serviços em comparação ao mercado, compreendíamos o desafio que se apresentava. Era uma estratégia comum entre algumas empresas concorrentes, que utilizavam preços baixos como porta de entrada para conquistar clientes corporativos. E, como esperado, uma dessas empresas ganhou a licitação.

Imediatamente após a vitória, essa empresa começou a assediar nossos colaboradores, colocando-nos em uma posição delicada, sem aparente solução à vista. Foi então que fiz uma afirmação seguida de um questionamento: "Não podemos desistir. E se nossos colaboradores não fossem para a concorrente?".

Diante da preocupação com os custos operacionais, especialmente a folha de pagamento, os outros sócios insistiram que essa ideia era inviável. Contudo, esse impasse nos levou a uma solução criativa: "E se a telecom fizesse uma prova para selecionar os melhores profissionais das empresas?".

Com determinação, conseguimos negociar com nossos colaboradores, assegurando que não migrariam para a empresa concorrente. Em seguida, persuadimos a operadora de telecomunicações a adotar o processo seletivo sugerido. Como acreditávamos que tínhamos os melhores profissionais, o resultado foi positivo: mantivemos cerca de 70% do contrato, respeitando o preço originalmente proposto em nossa oferta.

Essa experiência reforçou uma lição valiosa: diante da impossibilidade de desistir, a solução sempre pode ser encontrada ou criada. Inspirados pelo lema *Aut viam inveniam aut faciam* (Encontrarei um caminho ou farei um), provamos que a inovação e a resiliência são ferramentas poderosas no universo das vendas e negociações.

NOTAS DE FERNANDO VÍTOLO:

ORIENTAÇÕES PRÁTICAS:

- **Resiliência frente à adversidade:** Diante de um desafio ou obstáculo, é crucial manter a calma e a determinação para buscar soluções criativas. A adversidade pode ser uma fonte de oportunidade se encarada com a mentalidade certa.
- **Inovação e criatividade em estratégias:** Quando confrontados com situações que parecem não ter saída, a chave pode estar em abordagens não convencionais. Pense fora da caixa para encontrar ou criar caminhos que outros não consideraram.
- **Negociação e persuasão eficazes:** A habilidade de negociar e persuadir *stakeholders* é fundamental em situações de impasse. Comunicar-se efetivamente e apresentar soluções que beneficiem todas as partes envolvidas pode virar o jogo a seu favor.

PARA REFLETIR:

Você já se encontrou em uma situação que parecia sem solução? Como a abordagem criativa e a resiliência ajudaram (ou poderiam ter ajudado) a superar esse desafio?

EXERCÍCIO PRÁTICO:

Identifique uma situação atual em sua vida profissional ou pessoal que pareça desafiadora ou sem solução. Aplicando as orientações acima, esboce um plano de ação que inclua:

- Uma abordagem criativa ou inovadora para o problema.
- Estratégias de negociação e persuasão que você poderia usar para envolver outras partes.
- Passos concretos para implementar essa abordagem nos próximos dias.
- Anote os resultados de suas ações e reflita sobre como a resiliência, a criatividade e a eficácia na negociação podem transformar desafios em oportunidades.

QUAL PILAR FOI MAIS EVIDENTE?

☐ CONECTAR ☐ ESCUTAR ☐ NEGOCIAR

QUAIS OS PONTOS DE OURO QUE VOCÊ PÔDE IDENTIFICAR?

___

___

___

___

___

___

___

CAFÉ VIRTUAL

SIDNEI BATISTA — Sócio da Távola

Nos últimos quatro a cinco anos, uma experiência recorrente tem reforçado uma lição valiosa sobre vendas e comunicação na minha jornada como profissional de coaching e mentoria de negócios. A essência dessa experiência, que merece especial atenção, reside na arte de vender sem o intuito explícito de vender, utilizando a comunicação efetiva como ferramenta principal.

A estratégia que adotei envolve promover pequenos encontros virtuais, como cafezinhos pelo Google Meet, nos quais o meu objetivo é simplesmente conversar por 20 a 30 minutos. Durante esses bate-papos, busco entender o que cada pessoa está fazendo, compartilhar experiências e, sobretudo, comunicar-me de forma genuína. Embora fique feliz se houver interesse nos meus serviços de coaching e mentoria, o foco primário dessas conversas não é a venda direta.

Essa abordagem tem gerado resultados surpreendentes. Muitos dos meus clientes de coaching e mentoria surgiram de encontros iniciais nos quais, aparentemente, não se concretizou nenhum negócio. As conversas eram agradáveis, com trocas de ideias e perspectivas, mas sem uma proposta de serviço imediata. Interessantemente, o "depois" dessas conversas, às vezes muito tempo depois – em alguns casos, mais de um ano –, revela-se o momento decisivo. Pessoas retornam buscando retomar o diálogo, agora com interesse específico na mentoria, levando à formalização de um processo de coaching.

Esses desdobramentos confirmam a eficácia de vender através da comunicação autêntica. A venda efetiva ocorre porque houve, inicialmente, uma conversa significativa. Se essa comunicação inicial não tivesse acontecido, a venda nunca teria se materializado. Essa dinâmica tem chamado profundamente minha atenção e reiterado a importância de estabelecer conexões genuínas, mostrando que, muitas vezes, o ato de não focar exclusivamente na venda pode ser a chave para resultados duradouros e significativos.

NOTAS DE FERNANDO VÍTOLO:

ORIENTAÇÕES PRÁTICAS:

- **Foque na construção de relacionamentos:** Priorize a construção de relacionamentos autênticos sobre a venda direta. A longevidade e o sucesso nas vendas muitas vezes residem na capacidade de estabelecer conexões genuínas com potenciais clientes.
- **Comunique-se de forma genuína:** Use a comunicação como uma ferramenta para entender as necessidades e aspirações dos outros, não apenas para transmitir o que você oferece. A empatia e o interesse genuíno pelas histórias e desafios das pessoas podem criar uma base sólida para futuras transações comerciais.
- **Paciência e perspectiva a longo prazo:** Seja paciente e mantenha uma perspectiva de longo prazo. O interesse em seus serviços ou produtos pode não ser imediato, mas uma conversa significativa pode plantar a semente para futuras oportunidades de negócios.

PARA REFLETIR:

Você já experimentou uma situação em que uma abordagem focada na construção de relacionamentos, em vez do foco na venda direta, resultou em sucesso a longo prazo? Como essa experiência influenciou sua abordagem de vendas ou comunicação desde então?

EXERCÍCIO PRÁTICO:

Agendamento de cafezinhos virtuais

- **Planejamento:** Selecione cinco contatos profissionais com quem você não falou recentemente ou gostaria de conhecer melhor. Podem ser contatos de redes sociais profissionais, participantes de eventos do setor ou recomendações de colegas.
- **Convite:** Envie um convite personalizado para cada um desses contatos, propondo um cafezinho virtual de 20 a 30 minutos. No convite, mencione que o objetivo é apenas conversar, trocar experiências e aprender mais sobre o trabalho deles.
- **Realização:** Durante o cafezinho, foque em ouvir ativamente e compartilhar ideias ou experiências relevantes. Evite a tentação de vender seus serviços ou produtos diretamente. Em vez disso, busque entender os desafios e interesses da outra pessoa.
- **Reflexão:** Após cada conversa, faça uma breve reflexão sobre o que aprendeu com a interação. Considere como você pode manter um relacionamento contínuo com cada contato, mesmo que não haja uma oportunidade imediata de negócio.

QUAL PILAR FOI MAIS EVIDENTE?

☐ CONECTAR ☐ ESCUTAR ☐ NEGOCIAR

QUAIS OS PONTOS DE OURO QUE VOCÊ PÔDE IDENTIFICAR?

____

____

____

____

____

ALÉM DA VENDA

SILVIO ACHERBOIM — Acher Treinamentos

Uma paixão que sempre marcou minha vida é a paixão por carros; adoro comprar e vender veículos. No entanto, há um detalhe curioso em minha jornada automotiva: nunca consegui comprar dois carros do mesmo vendedor. Esse padrão repetitivo revelou-me uma faceta interessante de certos nichos de mercado, em que a fidelização do cliente parece ser uma arte esquecida. Após a venda, é como se a conexão entre vendedor e comprador se desvanecesse, sem nenhum esforço subsequente para manter ou cultivar o relacionamento.

Não se trata de uma exceção, mas de uma norma que observo com frequência o calor da negociação dá lugar a um vazio após a negociação. A emoção da compra, os sorrisos e cumprimentos parecem evaporar, deixando uma dúvida se em algum dia na vida você reencontrará o vendedor. Uma relação comercial que poderia ser maior acaba se perdendo. Porém, existem bons exemplos que merecem ser citados, pois nunca uma regra é 100% exata.

O sonho da minha esposa, Solange, sempre foi ter um Mini Cooper e, graças a um atendimento espetacular de Jonas, conseguimos adquirir um modelo exatamente como ela sonhou.

Na primeira viagem que fizemos, percebi um certo "barulho" estranho no carro. E é nessa hora que você percebe o valor de um bom profissional de vendas. Para minha surpresa, ele e toda a equipe da assistência técnica, em linha com a gerente, identificaram o problema e prontamente resolveram tudo, sem a menor dor de cabeça. Nasce, desse momento em diante, uma amizade, e vira e mexe trocamos mensagens sobre como está o carro, passeios, etc.

Nesse contexto, refleti sobre o conceito que denomino de "pré-primeira venda", que de alguma forma se refere ao pós-venda, pois vender é um ato contínuo e infinito. A ausência de um pós-venda efetivo quebra, de alguma maneira, a oportunidade de construção de uma narrativa com o cliente, de tecer uma história que transcenda a transação inicial e se perpetue como um *case* de sucesso na vida e carreira de um vendedor de sucesso.

Alex Glikas, um profissional que admiro, é também um grande exemplo de como negociações bem-feitas se perpetuam e atuam diretamente em seu *network* (para quem não conhece o termo, ele se refere aos seus contatos na vida comercial). Com uma abordagem precisa e focada na fidelização, Alex demonstra como é possível integrar-se de maneira significativa e contínua na vida dos clientes, mantendo uma presença que vai além do ato de vender.

Acredito firmemente que vender é uma arte de permanecer relevante para o cliente após a negociação, em ser uma presença constante que agrega valor, fortalece a lealdade e deixa saudades. As "sacadas" para manter o relacionamento com o cliente, fazendo parte de seu cotidiano de maneira positiva, são verdadeiramente notáveis. Esse enfoque no pós-venda, ou como prefiro pensar, na construção de uma história contínua com o cliente, é uma faceta essencial do ato de vender que merece maior atenção e valorização.

NOTAS DE FERNANDO VÍTOLO:

ORIENTAÇÕES PRÁTICAS:

- **Cultive relacionamentos duradouros:** Considere cada venda não como o fim de um processo, mas como o início de um relacionamento contínuo com o cliente. Faça um esforço consciente para manter contato e mostrar interesse pelo bem-estar e satisfação dele com o produto ou serviço adquirido.
- **Estratégia de pós-venda efetiva:** Desenvolva uma estratégia de pós-venda que inclua acompanhamento regular, ofertas personalizadas baseadas nas preferências do cliente e suporte proativo. Isso demonstra apreço e valorização ao cliente, aumentando a probabilidade de fidelização e recompras.
- **Integração contínua na vida do cliente:** Encontre maneiras criativas de permanecer relevante para o cliente após a venda, agregando valor de maneiras inesperadas. Isso pode incluir orientações de manutenção, atualizações sobre novos produtos ou serviços e convites para eventos exclusivos.

PARA REFLETIR:

Como você pode transformar uma transação de venda única em uma história contínua que mantenha você e sua marca presentes e valiosos para seus clientes?

EXERCÍCIO PRÁTICO:

Plano de ação pós-venda personalizado

Identifique um cliente recente e desenvolva um plano de ação de pós-venda personalizado para esse cliente específico. Isso pode incluir:

- Enviar um e-mail de agradecimento personalizado, reconhecendo a compra e oferecendo assistência adicional se necessário.

- Programar um *check-up* de satisfação duas semanas após a compra para coletar feedback e resolver quaisquer questões pendentes.
- Oferecer um incentivo ou desconto especial em uma futura compra ou serviço, alinhado com os interesses ou necessidades identificados do cliente durante o processo de venda.

Implemente esse plano de ação e observe como ele influencia a percepção do cliente sobre sua marca e a possibilidade de fidelização a longo prazo.

QUAL PILAR FOI MAIS EVIDENTE?

☐ CONECTAR ☐ ESCUTAR ☐ NEGOCIAR

QUAIS OS PONTOS DE OURO QUE VOCÊ PÔDE IDENTIFICAR?

____

____

____

____

____

DA DISCOTECA AO SUCESSO CORPORATIVO

TONICO NOVAES — CEO & *Licensed Partner* no Campus Party Brasil em sociedade com a Gouvêa Ecosystem

Desde cedo, aprendemos a arte da venda em situações do dia a dia, muito antes de ingressarmos formalmente no mundo profissional. Recordo-me, por exemplo, dos tempos de juventude, quando o ato de paquerar em uma discoteca exigia de nós habilidades que hoje reconheço como fundamentais para um bom vendedor. Naquele contexto, era essencial apresentar-se de maneira atraente sem ser invasivo, uma verdadeira lição sobre como promover nosso "produto" – nesse caso, nós mesmos – de forma discreta, inteligente e divertida, a fim de despertar o interesse desejado.

Essa experiência, embora pareça uma simples brincadeira de jovens, revelou-se uma base sólida para compreender aspectos cruciais das vendas: a importância de não ser espalhafatoso, de zelar pela própria marca e de persuadir o outro sutilmente, sem a pressão de uma venda explícita. Aprendemos a chamar atenção de forma que o produto se torne atraente ao olhar alheio, sem demonstrar desespero pela conquista.

Nessa analogia, transposta para o universo corporativo, percebe-se que o sucesso em vendas muitas vezes reside em saber dosar o interesse, em não transparecer ansiedade excessiva. Na prática profissional, especialmente em vendas e patrocínios, torna-se crucial entender os pilares de marketing da marca ou empresa que se deseja ter como patrocinadora. É fundamental alinhar esses pilares aos do produto ou evento que representamos, criando ativações e engajamentos que ressoem com ambos os lados.

O desafio está em engajar a audiência de forma que o *storytelling* desenvolvido construa uma relação de afeto e lealdade com a marca. Busca-se transformar clientes em verdadeiros fãs, que desenvolvam uma conexão tão forte com o produto ou marca a ponto de não conceberem mais viver sem ele. Este é o ponto de convergência entre as estratégias de vendas pessoais e profissionais: ambos os cenários visam estabelecer uma relação duradoura, comparável ao amor, entre o público e o produto.

Portanto, seja na dinâmica de uma discoteca ou no ambiente corporativo, o objetivo final é similar. Aspiramos criar vínculos sólidos e apaixonados entre as pessoas e as marcas, transformando simples clientes em fãs ardorosos, capazes de sustentar uma relação de fidelidade e admiração mútua, vivendo "felizes para sempre" com o produto ou serviço oferecido.

NOTAS DE FERNANDO VÍTOLO:

ORIENTAÇÕES PRÁTICAS:

- **Equilibre atração e discrição:** Seja na interação pessoal ou na venda de um produto, a chave é apresentar-se de maneira atraente sem ser invasivo. Aprenda a promover suas ofertas de forma que capte a atenção, mantendo um nível de sutileza que desperte interesse sem pressão.
- **Construa uma marca pessoal e profissional forte:** Assim como cuidamos da nossa imagem em contextos sociais, é vital zelar pela marca que representamos. Isso implica em alinhar os valores e a comunicação da marca com as necessidades e desejos do público-alvo, promovendo autenticidade e afinidade.
- **Fomente conexões duradouras:** O objetivo de qualquer venda deve ser transformar clientes em fãs leais, criando um vínculo emocional forte com a marca ou produto. Utilize *storytelling* eficaz para desenvolver essa relação de afeto e lealdade, transformando interesse casual em compromisso a longo prazo.

PARA REFLETIR:

Como você pode aplicar a sutileza e a construção de relacionamentos, aprendidas em contextos sociais, para melhorar suas estratégias de vendas e marketing na sua carreira profissional?

EXERCÍCIO PRÁTICO:

Mapeamento de valores e *storytelling*

- **Identificação de valores:** Selecione um produto ou serviço que você representa. Faça uma lista dos valores centrais da marca e como eles se alinham com os interesses e necessidades do seu público-alvo.
- **Desenvolvimento de *storytelling*:** Com base nessa lista, crie uma breve narrativa (*storytelling*) que vincule esses valores a uma história ou experiência. Essa narrativa deve ser projetada para ressoar emocionalmente com o público, destacando como o produto ou serviço pode enriquecer suas vidas.
- **Implementação:** Use essa narrativa em sua próxima interação de vendas, seja em uma apresentação, reunião ou material de marketing. Observe a reação do público e reflita sobre a eficácia da abordagem na criação de um vínculo emocional com a marca.

QUAL PILAR FOI MAIS EVIDENTE?

☐ CONECTAR ☐ ESCUTAR ☐ NEGOCIAR

QUAIS OS PONTOS DE OURO QUE VOCÊ PÔDE IDENTIFICAR?

RITMO DE CONQUISTA

Vera Figueiredo — Artista Musical e Fundadora do IBVF

Em 1993, recebi uma ligação da minha amiga Ruth Teixeira, que mora em Santos. A prefeitura estava recebendo um baterista que faria um evento pela UNICEF, mas ela não tinha nenhuma informação sobre ele. Não havia *release*, foto, absolutamente nada, o que dificultava muito a divulgação. Ela me procurou porque sabia que eu poderia ajudar.

Naquela época, eu estava no meu instituto, o IBVF (Instituto de Bateria Vera Figueiredo), e recebi a ligação da Ruth. Ela me perguntou se eu sabia quem ele era. Quando perguntei o nome do baterista, ela respondeu: "Billy Cobham". Fiquei surpresa e disse: "Você nem imagina! Billy Cobham é um deus da bateria! Ele é um dos melhores do mundo!" Rapidamente, pedi o número de fax dela e enviei todas as informações sobre ele: *release*, foto, histórico.

Ruth ficou super feliz, finalmente tinha algo para divulgar. Aí, perguntei para ela: "Será que conseguimos trazê-lo para São Paulo para um workshop?" Mas ela me disse que ele estava focado no evento pela UNICEF e que não haveria essa possibilidade. No entanto, mencionou que viriam a São Paulo na semana seguinte para um jantar e me convidou para participar.

Imagina, jantar com Billy Cobham! Levei meu primeiro disco e uma fita VHS de presente para ele, mas, no jantar, ele sequer me olhou. Fiquei desapontada. Ruth até me cutucou, sugerindo que eu entregasse o material para ele, mas eu estava tão desanimada que disse que ela podia entregar se quisesse.

Quando Ruth finalmente entregou o material, Cobham notou o nome de Hermeto Pascoal no meu disco. Ele olhou para mim por cima dos óculos, como quem diz: "Essa aí deve ser uma baita baterista". Isso me deu coragem, e eu fui falar com ele. Aproveitei a chance e perguntei se ele toparia fazer o workshop. Ele me explicou que estava em uma missão pela UNICEF e que workshop seria outro trabalho. Agradeci e pensei que a conversa terminaria ali.

Mas eu não me conformei. Já tinha reservado uma data no teatro da Cultura Inglesa em Pinheiros - SP, então decidi insistir. No dia seguinte, Ruth me contou que Billy participaria de um programa na Jovem Pan. Fui até lá e, após a gravação, abordei-o novamente, dizendo que precisávamos fazer esse workshop, que era importante para o público brasileiro.

Eu tinha uma economia em dólar que fiz. Era tudo o que eu tinha. Perguntei qual seria o cachê dele para fazer o workshop. E, para a minha surpresa, era o dobro das minhas economias. Não ia dar. Comecei a negociar e disse o valor que eu tinha. Ele topou. Perguntei sobre as exigências para o workshop, e ele disse que precisava de duas baterias – uma para ele e outra para mim. Eu quase caí para trás!

O workshop foi incrível. No meio, ele me chamou para tocar ao seu lado, e isso marcou o início de uma série de encontros. Foi um marco para mim e para a comunidade baterística! Mais tarde naquele ano, ele voltou ao Brasil, deu aula no IBVF, tocou comigo para uma plateia de mais de mil pessoas, e ainda fizemos um workshop na Unesp. Ele até participou de uma música que compus para ele, chamada "Mr Bakalau".

Essa história representa para mim muita luta, conquista e, acima de tudo, persistência.

NOTAS DE FERNANDO VÍTOLO:

ORIENTAÇÕES PRÁTICAS:

- **Acredite no seu valor e no potencial da sua ideia:** Mesmo quando enfrentou rejeições iniciais, Vera sabia que o workshop com Billy Cobham era algo valioso para a comunidade de bateristas no Brasil. Valorizar sua ideia e acreditar no impacto dela foi essencial para que ela não desistisse e conquistasse o que parecia improvável.
- **Seja persistente, mas respeitoso:** Insistir com Billy Cobham sem desrespeitar suas prioridades foi fundamental para o sucesso de Vera. Ela encontrou um equilíbrio entre perseverar e respeitar o propósito dele na visita ao Brasil, mostrando que é possível ser persistente sem ultrapassar limites.
- **Invista em construir relações com generosidade e autenticidade:** O presente de Vera para Billy Cobham e seu entusiasmo sincero ajudaram a criar um vínculo que se tornaria uma parceria duradoura. Mostre autenticidade nas interações com seus clientes ou parceiros, demonstrando seu compromisso genuíno com o que oferece.

PARA REFLETIR:

Qual é o limite entre persistir e ser insistente em uma negociação? Como você pode encontrar o equilíbrio para que sua persistência seja vista como uma qualidade e não como uma pressão?

EXERCÍCIO PRÁTICO:

Identifique uma meta importante que você ainda não atingiu, mas na qual acredita fortemente. Escreva três ações concretas que pode tomar para dar um passo a mais em direção a essa meta, mesmo diante de obstáculos. Siga essas ações por uma semana, observando como sua persistência afeta o andamento dessa conquista.

QUAL PILAR FOI MAIS EVIDENTE?

☐ CONECTAR ☐ ESCUTAR ☐ NEGOCIAR

QUAIS OS PONTOS DE OURO QUE VOCÊ PÔDE IDENTIFICAR?

____

____

____

____

____

CAPÍTULO VINTE E TRÊS

A SUA HISTÓRIA

VOCÊ LEU DIVERSAS HISTÓRIAS e casos aqui no livro.

SIM! ACHEI DEMAIS TODAS AS EXPERIÊNCIAS COMPARTILHADAS!

— reage Gonzalito.

Então agora é a hora de você escrever o seu caso de sucesso. Lembre-se de alguma venda que você fez e te marcou de alguma maneira. Escreva os detalhes mais importantes aqui no livro. No final, faça as identificações dos pilares em evidência e quais **Pontos de Ouro** conseguiu identificar.

______________________________ **(Título)**

______________________________ **(Autor)**

(Se o espaço não for suficiente, o que acredito que não seja mesmo, faça em um caderno, computador ou celular e depois destaque ou imprima e deixe aqui junto do seu livro.)

QUAL PILAR FOI MAIS EVIDENTE?

☐ CONECTAR ☐ ESCUTAR ☐ NEGOCIAR

QUAIS OS PONTOS DE OURO QUE VOCÊ PÔDE IDENTIFICAR?

____

____

____

____

____

COMO VOCÊ SE SENTIU ESCREVENDO SUA HISTÓRIA?

____

____

____

____

____

____

Você pode perceber que muitos elementos do **Método VEND+** já estão incorporados em você? O livro é uma maneira de trazer todos eles para a sua consciência. Agora meu desafio está em você criar algumas orientações, uma reflexão e um exercício prático com sua história. Vamos lá? Ah, mas acho melhor você escrever já no seu caderno ou no computador.

Mande sua história através do WhastApp que se encontra no site:

www.vendasparaquemtempressa.com.br

Quem sabe ela não seja escolhida para publicação no próprio site.

SE A PESSOA AUTORIZAR, NÉ?

— aconselha Gonzalito.

CAPÍTULO VINTE E QUATRO

VALIDAÇÃO

CHEGOU O MOMENTO DE VALIDAR toda a jornada do **Método VEND+**. A grande questão é: me trouxe resultados? Então vamos passar por 3 momentos aqui: autoavaliação, feedback externo e indicadores de desempenho.

AUTOAVALIAÇÃO

Preparei um questionário simples, mas muito eficiente para nos dizer como o **Método VEND+** está contribuindo para o seu processo de vendas.

CONECTAR

Você sente que consegue se conectar melhor com clientes potenciais?
( ) SIM ( ) NÃO

A sua interação com os clientes se tornou mais frequente e positiva?
( ) SIM ( ) NÃO

Sua comunicação está adequada ao seu público-alvo?
( ) SIM ( ) NÃO

ESCUTAR

Você se sente mais capaz de identificar as necessidades e desejos dos clientes?
( ) SIM ( ) NÃO

A sua habilidade de prestar atenção aos detalhes melhorou?
( ) SIM ( ) NÃO

Você percebe uma maior confiança dos clientes durante as interações?
( ) SIM ( ) NÃO

NEGOCIAR

Você se sente mais preparado e confiante durante as negociações?
( ) SIM ( ) NÃO

A sua taxa de fechamento de vendas aumentou?
( ) SIM ( ) NÃO

Os clientes estão mais satisfeitos com as soluções apresentadas?
( ) SIM ( ) NÃO

Você também pode se fazer outras perguntas. Essa é uma base para você começar.

E como foram as respostas? A maioria deu **SIM** ou deu **NÃO**? Se deu **SIM**, ótimo, estamos no caminho certo. Se deu **NÃO**, isso significa que existem áreas significativas para serem trabalhadas. É possível também que em alguns pilares você tenha tido mais sucesso do que outros. Por exemplo, se você teve a maioria **SIM** nos pilares **Conectar** e **Escutar**, mas no **Negociar** as respostas deram maioria **NÃO**, isso significa que esse pilar é o que deve ser mais trabalhado. Continue a leitura, não se desespere, que no próximo capítulo trago algumas sugestões.

FEEDBACK EXTERNO

Existem centenas de milhares de milhões...

— interrompe Gonzalito.

... de pesquisas de satisfação com clientes. Mas a gente precisa dar um passo além. Tente fugir da tentação de criar um formulário online e enviar para o seu cliente. Convide-o para um café, faça uma visita na empresa dele. O olho no olho é insuperável. Afinal de contas, você quer ler além do que o cliente está de fato falando. Tenha sempre em mente a sinceridade. Seja honesto sempre. E aqui você vai pedir para o cliente ser sincero e honesto com você. Então, se o cliente em algum momento entendeu que você não foi sincero, pode ser que ele também não seja honesto com você.

Ao conversar com o cliente, explique que isso faz parte de um processo para te ajudar na melhoria do atendimento e até dos produtos ou serviços. E talvez aqui venha a parte mais importante: caso o cliente te faça uma crítica, não fique querendo justificar. Apenas ouça, anote e por fim agradeça o feedback. Deixe o seu ego de lado. Entenda que o cliente que te faz uma crítica é muito melhor do que o cliente que não gosta de alguma coisa e simplesmente vai embora sem te falar nada e nunca mais volta. A crítica é uma oportunidade para você melhorar e conquistar mais clientes.

Aqui vão algumas sugestões de perguntas para fazer para o seu cliente:

- Quão satisfeito você ficou com meu atendimento?
- Minhas soluções atendem às suas necessidades?
- O que posso fazer para melhorar?
- Há algo específico que você gostaria de destacar?

Seja criativo. Conforme as respostas, abra ainda mais o diálogo para o cliente expor suas opiniões. Por exemplo, se o cliente disser: "Não gostei disso ou daquilo". Pergunte: "E porque não gostou? O que o fez se sentir dessa maneira?". Faça-o sentir que está em um ambiente seguro para compartilhar. Não julgue.

Agora vem uma outra parte do feedback externo: digamos que você trabalhe em alguma companhia, tenha alguns colegas e preste contas a um superior. Vamos pegar o feedback com eles? Aqui vão algumas sugestões de perguntas:

- Você notou alguma mudança na maneira como eu interajo com os clientes?

- Eu pareço mais atento e receptivo às necessidades dos clientes?
- As negociações que tenho conduzido parecem mais eficientes e eficaz?

Veja que, com base nas respostas a essas perguntas, tanto para clientes como para seu superior ou colegas de equipe, você vai poder entender se o **Método VEND+** está contribuindo para o seu dia a dia. Vamos seguindo.

INDICADORES DE DESEMPENHO

É importante que você acompanhe indicadores que possam ser medidos ao longo do tempo. Algumas empresas contam com soluções de CRM para isso. Mas você pode fazer uma planilha simples no Excel ou nem isso, um bloco de notas já pode te ajudar. Independente da plataforma, quero deixar minhas sugestões de indicadores:

- O número de clientes atraídos está aumentando ou diminuindo?
- A taxa de conversão (vendas) está aumentando e diminuindo?
- Os feedbacks colhidos com os clientes estão melhorando ou piorando?
- A receita gerada por cada cliente aumentou ou diminuiu?
- A satisfação do cliente aumentou ou diminuiu?
- A recomendação dos clientes aumentou ou diminuiu?

E você pode aplicar mais indicadores ao seu processo, mas tente sempre manter a simplicidade para que isso não vire uma tese de doutorado. O seu objetivo aqui é entender se o **Método VEND+** agregou para o seu processo e está te trazendo resultados.

CAPÍTULO VINTE E CINCO

E SE NADA FUNCIONAR?

SE O MÉTODO VEND+ não estiver te trazendo resultados então você...

XINGA E AMALDIÇOA!!!!

— grita nosso leitor.

Calma aí! Não é para tanto. A questão é: "Fernando, apliquei o **Método VEND+** e não estou vendendo mais e melhor". Então, precisamos identificar o que está acontecendo. Uma coisa que ocorre mais do que parece: o cliente gostou de tudo, adorou o atendimento e a solução apresentada, mas no final das contas fechou com outro ou então não fechou nada.

E AGORA?

— pergunta o executivo.

Muita calma nessa hora. Cabeça fria, pés no chão e ego de lado. Se a venda não foi concretizada, é porque o cliente não gostou de tudo. Alguma objeção ele teve. Precisamos, na medida do possível, identificar qual foi essa objeção e fazer os ajustes necessários para uma próxima oportunidade — com esse cliente ou com outros. E nessa questão podem existir muitas objeções:

- Demoraria muito tempo para ficar pronto.
- Está fora do meu orçamento.
- Achei sua calça azul demais.
- A cultura da empresa não combina com a minha.
- Coloquei uma outra prioridade.
- Seu concorrente atende melhor o meu segmento.
- O contrato é muito longo.
- Meu sobrinho faz isso aí. E de graça.
- Me indicaram uma loja bem mais barata.

Pensando nessas objeções, claro que, algumas bem absurdas, quais Pontos de Ouro poderiam ter te ajudado com elas? Vamos ver?

O contrato é muito longo.
No pilar **Negociar** encontramos o "Seja Flexível". Não deu para ser?

Me indicaram uma loja bem mais barata.
Também no pilar **Negociar**, você encontra o ponto "Demonstre Valor". O cliente não conseguiu visualizar o valor de fechar com você contra uma loja mais barata?

Coloque abaixo uma ou mais objeções que você já recebeu e identifique quais os Pontos de Outro poderiam ter contribuído para você reverter a venda:

BOM, MAS ATÉ AÍ EU JÁ PERDI A VENDA.

— destaca Gonzalito.

Precisamos descobrir quais são, de fato, as objeções para que você possa se preparar melhor para a próxima vez. E aqui vai uma recomendação que, confesso, ainda é um ponto difícil para mim até hoje:

não existe outra maneira de descobrir a objeção sem conversar com o cliente. Talvez não caiba um café ou uma visita, como no feedback presencial, mas uma ligação, sim — certo? E por que considero essa parte tão difícil e muitas vezes negligenciada? Porque é como quando você está “a fim” de uma menina, ela não corresponde, e você resolve perguntar qual o problema. E ouve: “Ah, é que você é feio.” É como ser rejeitado duas vezes: a primeira quando ela não quis te namorar, e a segunda quando confirma exatamente o que você NÃO queria ouvir — nem mesmo saber.

Mas, sabendo disso, você pode mudar? Será que um penteado diferente faria as pessoas te olharem diferente? Roupa? A questão é que você não pode deixar isso te colocar para baixo e você precisa estar aberto a mudar.

MAS TEM CLIENTE QUE ACHA PELO EM OVO!

— compartilha nosso amigo.

É por isso que você vai ouvir a opinião de outras pessoas e outros clientes também, certo? Se for uma questão recorrente, então temos um ponto a trabalhar.

Mais uma vez: deixe o ego de lado. Ouça o cliente e não tente se justificar. Ouça, anote e agradeça. Diga que na próxima oportunidade você espera estar mais preparado e atender as expectativas. Tenho certeza que o cliente não vai esquecer do que você disse.

Inclusive, reverti algumas vendas que eu já entendi que estavam perdidas só pelo fato de ligar para o cliente buscando esse feedback. Liguei, entendi e ajustei.

E agora eu quero colocar alguns pontos para você refletir e, quem sabe, ajustar sua rota:

- **O seu produto ou serviço é bom mesmo?** Não adianta criar uma conexão, investir tempo escutando, entendendo as necessidades e negociando quando seu produto ou serviço deixa a desejar. É frustrante. É perda de tempo. E você coloca em cheque aqui a sua credibilidade. Não adianta confiar em uma coisa que não funciona. Não adianta acreditar no seu produto se ele quebra na primeira usada. Seguir nesse caminho é estar se enganando.
- **Ele era seu cliente mesmo?** Você acertou na segmentação? O produto e serviço faz sentido para quem você está conversando? Ou será que você só estava tentando ganhar uma comissão? Conversar com o cliente-alvo é fundamental para concretizar a venda.
- **Nem sempre você vai ganhar.** Não dá para ganhar todas. A concorrência está aí para provar isso. Mas você está ficando muito abatido com isso? Aproveite para aprender e desenvolver ainda mais o relacionamento. Olha quanta gente nova e interessante você está conhecendo. Aliás, cada conexão traz uma nova oportunidade para você se aprimorar. Persista e não se deixe abater.

MAS E SOBRE O RESULTADO DA AUTOAVALIAÇÃO?

Isso, vamos voltar nesse ponto. Lembra do questionário de autoavaliação que você respondeu há pouco, certo? Vou considerar que a maioria das suas respostas deu **NÃO.** Ok? O que pode fazer:

Revisite os capítulos do livro com uma leitura mais atenta. E vou dizer novamente que, apesar do título dizer "Vendas para quem tem pressa", a ideia aqui é que você desacelere um pouco. Por isso, indico a leitura de um capítulo por dia.

CONFESSO QUE TEVE DIAS
QUE ADIANTEI UM POUCO.

— assume Gonzalito.

Identifique quais áreas você apresentou mais dificuldades e crie um plano de ação para melhorar e potencializar. Isso pode incluir algumas metas específicas, ações práticas e prazos. Isso contribuirá para focar seus esforços e monitorar seu progresso.

Considere participar de treinamentos e workshops específicos sobre técnicas de vendas, comunicação e negociação. Inclusive do próprio autor que vos escreve. Sabe como é, né, é mais barato indicar os de casa (risos).

Não pare de monitorar o seu progresso regularmente. Continue aplicando o questionário de autoavaliação, faça os feedbacks externos e acompanhe os indicadores de desempenho. É isso que te dirá se está evoluindo ou não.

Pense em uma mentoria personalizada. Esse processo pode te alavancar e fazer você ver coisas que ainda não está vendo. Você pode fazer comigo ou com alguém da minha equipe.

Mantenha a motivação e a persistência. Não desista. Mudanças de comportamento e melhorias em habilidades podem levar tempo, mas com esforço contínuo, o resultado virá.

LEVANDO O MÉTODO VEND+ PARA A SUA EMPRESA

Você é um líder, gestor, dono de empresa ou CEO e reconhece o potencial transformador do **Método VEND+** para sua equipe e, consequentemente, para o sucesso do seu negócio. No entanto, você entende que a simples leitura do livro pode não ser suficiente para que sua equipe adote e aplique os conceitos do **Método VEND+** de maneira eficaz.

Para ajudar sua organização na implementação do método de forma estruturada e maximizar seus resultados, ofereço uma solução personalizada através da minha empresa. Você pode contactar minha equipe através das minhas redes sociais e site (no final do livro) para explicarmos como podemos levar o método para dentro do seu negócio.

CONCLUSÃO

Talvez em diversos momentos do livro você tenha se deparado com informações que achou repetitivas ou muito parecidas.

VIXE... NEM ME FALE!

— reclama Gonzalito.

Isso foi proposital. Lembre-se de que "a venda é uma eterna repetição dos pontos principais de cada produto". Aprendi isso com Ciro Bottini quando tive a oportunidade de entrevistá-lo no meu programa.

A repetição de alguns pontos aqui no livro é para justamente fazer sua mente e coração absorverem e, além disso, para que você pratique no seu dia a dia. Nós aprendemos de fato quando colocamos em prática, e não só quando ouvimos alguém falar ou lemos um livro. A importância está na prática: converse, leia, explore, mas reserve todo dia pelo menos 30 minutos para vender. Se estiver sem ideia do que fazer, volte aqui para o livro e pegue algum exercício prático para executar.

Quanto mais você vender, mais você vai vender. Fica evidente que, se você acompanhar este livro, seguir as orientações, refletir e praticar, tenho plena convicção de que suas vendas estarão muito melhores do que estão agora.

RECONHEÇO QUE JÁ MUDEI MUITA COISA E JÁ ESTOU TENDO RESULTADOS DIFERENTES E POSITIVOS.

— finalmente elogia Gonzalito.

Nenhuma empresa ou pessoa sobrevive sem vendas. Parabéns por querer melhorar esse campo na sua vida. Esse crescimento refletirá na sua satisfação pessoal, aprimoramento profissional e estabilidade financeira.

Agradeço pela oportunidade de estar entre os seus livros lidos. E, por favor, gostaria muito de ter seu retorno sobre a leitura. Quem sabe sua história não entra aqui na próxima edição. Aproveite para se juntar à minha comunidade nas redes sociais. Um pouquinho mais abaixo, deixo todas as maneiras de entrar em contato comigo. Publico conteúdo sobre negócios, mas também sobre diversos outros assuntos, para te informar ou te divertir.

Desejo muito sucesso nas suas vendas e lembre-se: empreenda, invista e mude sua vida!

NÃO SERIA MELHOR: CONECTE-SE, ESCUTE, NEGOCIE E VEND+?

— Gonzalito dá seu pitaco final.

É que era o meu bordão quando comecei meu programa lá em 2019.

PARA SABER MAIS

BARBEIRO, Heródoto. *Falar para liderar: ninguém chega lá sem falar com eficiência.* São Paulo: Benvirá, 2012. p. 200.

EKER, T. Harv. *Os segredos da mente milionária: aprenda a enriquecer mudando seus conceitos sobre o dinheiro e adotando os hábitos das pessoas bem-sucedidas.* Rio de Janeiro: Sextante, 2006. p. 176.

FEXEUS, Henrik. *A arte de ler mentes: como interpretar gestos e influenciar pessoas sem que elas percebam.* São Paulo: BestSeller, 2018. p. 256.

FLESH, José Carlos. *Quanto você aceita ganhar? O que não entra na sua cabeça, não cabe no seu bolso.* São Paulo: Gente, 2007. p. 176.

HUNTER, James C. *O monge e o executivo: uma história sobre a essência da liderança.* Rio de Janeiro: Sextante, 2004. p. 144.

JOHNSON, Spencer. *Quem mexeu no meu queijo? Uma maneira fantástica de lidar com as mudanças em seu trabalho e em sua vida.* Rio de Janeiro: Record, 1998. p. 107.

KIYOSAKI, Robert T.; LECHTER, Sharon L. *Pai rico, pai pobre.* Rio de Janeiro: Alta Books, 2017. p. 336.

KLARIC, Jürgen. *Venda à mente, não ao cliente: como aplicar a neurociência para negociar mais falando menos.* São Paulo: Planeta Estratégia, 2017. p. 240. Amazon Brasil

KOTLER, Philip. *Marketing de A a Z: 80 conceitos que todo profissional precisa saber.* Rio de Janeiro: Campus, 2003. p. 251.

MANDINO, Og. *O maior vendedor do mundo.* Rio de Janeiro: Record, 1978. p. 112.

MINARELLI, José Augusto. *Empregabilidade: como ter trabalho e remuneração sempre.* São Paulo: Gente, 2009. p. 120.

TRANJAN, Roberto. *Metanoia.* São Paulo: Buzz Editora, 2019. p. 192.

TRANJAN, Roberto. *Não durma no ponto: o que você precisa saber para chegar lá.* São Paulo: Gente, 1999. p. 334.

TRANJAN, Roberto. *O velho e o menino: a instigante descoberta do propósito.* São Paulo: Buzz Editora, 2017. p. 144.

TRANJAN, Roberto. *Pedaços de Brasil que dão certo: ideias e exemplos inspiradores para viver a economia ao natural.* São Paulo: Buzz Editora, 2023. p. 278.

VILS, Leonardo. *A organização dos bichos: um paralelo com o nosso dia a dia nas empresas.* São Paulo: Negócio, 1999. p. 208.

OUTRAS PUBLICAÇÕES DO AUTOR

thenewradio.com.br
naosejachato.com.br
terrachamando.com.br
100anosderadionobrasil.com.br

FALE COM O AUTOR

TikTok: @fernando.vitolo
Threads: @fernando.vitolo
Instagram: @fernando.vitolo
LinkedIn: www.linkedin.com/in/fernandovitolo
YouTube: www.youtube.com/@FernandoVitolo
Facebook: www.facebook.com/vitolo.fernando

SITES

younik.com.br
fernandovitolo.com.br
vendasparaquemtempressa.com.br

Sua opinião é importante para nós.

Por gentileza, envie-nos seus comentários pelo e-mail:

editorial@hagnos.com.br